僅以此書贈給同我在「燈屋」在詩中生活與創作半世紀的女詩人蓉子並迎接廿一世紀在詩中降臨

羅門

在詩中飛行

羅門詩選半世紀

羅　門著

文學叢刊

文史哲出版社印行

國家圖書館出版品預行編目資料

在詩中飛行：羅門詩選半世紀 / 羅門著. -- 初版. -- 臺北市：文史哲, 民88
面；公分. --（文學叢刊；99）
ISBN 957-549-256-0(平裝)

1. 詩 - 評論

851.486 88018145

文學叢刊 ⑨⑨

在詩中飛行：羅門詩選半世紀

著 者：羅 門
出版者：文 史 哲 出 版 社
登記證字號：行政院新聞局版臺業字五三三七號
發行人：彭 正 雄
發行所：文 史 哲 出 版 社
印刷者：文 史 哲 出 版 社
臺北市羅斯福路一段七十二巷四號
郵政劃撥帳號：一六一八〇一七五
電話 886-2-23511028・傳真 886-2-23965656

實價新臺幣五二〇元

中華民國八十八年十二月三十一日初版
1999年12月31日初版

ISBN 957-549-256-0

在詩中飛行 目錄

——羅門半世紀詩選

●

附錄

羅門資歷

一九二八年生，海南省文昌縣人。

空軍飛行官校肄業，美國民航中心畢業，考試院舉辦民航高級技術員考試及格，曾任民航局高級技術員，民航業務發展研究員。

羅門年青時代曾學飛行，代表空軍足球隊參加全國運動會。離開空軍，在民航局工作，於一九五四年，認識當時聞名的女詩人蓉子，便開始寫詩。自第一首詩被詩人紀弦以紅字刊登在他主編的《現代詩刊》封底，迄今已連續創作近半世紀。詩風從浪漫到象徵到超現實到三者互動的整體運作，他已建立起個人獨特的創作風格。

曾任藍星詩社社長、UPLI國際詩會榮譽會員、中國文協詩創作班主任、國家文藝獎評審委員、世界華人詩人協會會長、中國青年寫作協會值年常務監事。先後曾赴菲律賓、香港、大陸、泰國、馬來西亞與美國等地（或大學或文藝團體）發表有關詩的專題演講。

一九五八年獲藍星詩獎與中國詩聯會詩獎。一九六五年「麥利堅堡」詩被UPLI國際詩組織譽爲世界偉大之作，頒發菲總統金牌。一九六九年同蓉子選派參加中國五人代表團，出席菲舉行第一屆世界詩人大會，仝獲大會「傑出文學伉儷獎」，頒發菲總統大綬勳章。一九六〇年在美國奧克立荷馬州民航中心研習，獲州長頒發「榮譽公民狀」。一九七六年同蓉子應邀以貴賓參加美第三屆世界詩人大會，仝獲大會特別獎與接受加冕。一九七八年獲文復會「鼓吹中興」文化榮譽獎。一九八七年獲教育部「詩教獎」。一九八八年獲中國時報推薦詩獎。一九九一年獲中山文藝獎。一九九二年同蓉子仝獲愛荷華大學國際作家工作室（ＩＷＰ）榮譽研究員證書。一九九五年獲美國傳記學術中心頒發二十世紀五〇〇位具有影響力的領導人證書。

一九九七年曾先後參加華盛頓時報基金會與國際文化基金會在華盛頓舉行的「21世紀亞洲國際文學會議」、「21世紀西方國際文學會議」、「21世紀世界和平文學會議」等三個國際文學會議。

名列英文版「中華民國年鑑名人錄」、「世界名人錄」、「世界名詩人辭典」及中文版「大美百科全書」。

著作有詩集十三種，論文集五種，羅門創作大系書十種，羅門、蓉子系列書八種。並在臺灣與大陸北京大學兩地分別舉辦羅門蓉子系列書發表會。

作品選入英、法、瑞典、南斯拉夫、羅馬尼亞、日、韓等外文詩選與中文版〈中國當代十大詩人選集〉……等近一百種詩選集。

作品接受國內外著名學人、評論家及詩人評介文章近一百萬字，已出版六本評論羅門的作品的書。

因評論羅門作品，臺灣大學教授名批評家蔡源煌博士獲「金筆獎」，師範大學教授戴維揚博士獲一九九五年國科會學術研究獎金。因研究羅門詩世界，陳大爲與張艾弓兩位研究生分別獲得碩士學位。

羅門作品碑刻入臺北新生公園（一九八二年）、臺北動物園（一九八八年）、彰化市區廣場（一九九二年）、及彰化火車站廣場（一九九六年年）。

羅門除寫詩，尚寫詩論與藝評，有「臺灣阿波里奈爾」之稱。四十多年來，他將自己專誠投注給詩與藝術，是基於只有詩與藝術能確實與徹底的將人類的生命與宇宙萬物昇越到「美」的顚峯世界。

《羅門·蓉子研究小檔案》

●「羅門蓉子論」書目（十七種）

①《日月的雙軌——羅門蓉子合論》（周偉民、唐玲玲教授合著，文史哲出版社出版一九九一年）。

②《羅門論》（詩人評論家林燿德著，師大書苑出版社一九九一年）。

③《羅門天下》（蔡源煌、張漢良、鄭明娳教授與詩人評論家林燿德等著文史哲出版社出版一九九一年）。

④《羅門蓉子文學世界學術研討會論文集》（周偉民、唐玲玲教授合編，文史哲出版社一九九四年）。

⑤《羅門詩——百首賞析》（朱徽教授著，文史哲出版社一九九四年）。

⑥《羅門詩——百首賞析》（朱徽教授著，四川文藝出版社一九九四年）。

⑦《詩壇雙星座》（周偉民、唐玲玲教授合編，四川文藝出版社一九九五年）。

⑧《羅門詩鑑賞》（作家王彤主編，香港文化出版社出版一九九五年）。

⑨《永遠的青鳥——蓉子詩作評論集》（詩論家蕭蕭主編，文史哲出版社一九九五年）。

⑩《蓉子論》（余光中、鍾玲、鄭明娳、張健、林綠等教授著，中國社會科學出版社一九九五年）。

⑪ 《羅門論》（蔡源煌教授等著，中國社會科學出版社出版一九九五年）。

⑫ 《羅門都市詩研究》（陳大為碩士論文集，東吳大學一九九七年）。

⑬ 《從詩中走過來——論羅門蓉子》（謝冕教授等著，文史哲出版社一九九七年出版）。

⑭ 《從詩想走過來——論羅門蓉子》（張肇棋教授等著，文史哲出版社一九九七年出版）。

⑮ 《羅門論》（張艾弓碩士論文集，文史哲出版社出版一九九八年）。

⑯ 《蓉子詩賞析》（古遠清教授著，文史哲出版社一九九八年出版）。

⑰ 《青鳥的蹤跡——蓉子詩歌精選賞析》（朱徽教授著，爾雅出版社一九九八年）。

●羅門蓉子出版系列叢書（十二卷）

一、羅門創作大系（十卷）

卷一：戰爭詩

卷二：都市詩

卷三：自然詩

卷四：自我・時空・死亡詩

卷五：素描與抒情詩

卷六：題外詩

卷七：〈麥利堅堡〉特輯

卷八：羅門論文集

卷九：論視覺藝術

卷十：燈屋・生活影像

二、蓉子創作（兩卷）

① 《千曲之聲》

② 《永遠的青島——蓉子詩作評論集》

（以上十二卷文史哲出版社一九九五年出版）

●羅門蓉子文學創作系列（八卷）

卷一：羅門長詩選

卷二：羅門短詩選

卷三：蓉子詩選

卷四：蓉子散文選

卷五：羅門論文集

卷六：羅門論

卷七：蓉子論

卷八：日月的雙軌

（以上八卷叢書由北京社會科學出版社於一九九五年出版發行。）

【註】

① 臺灣大學教授名批評家蔡源煌博士評論羅門作品獲「金筆獎」，師範大學教授戴維揚博士評論羅門獲一九九五年國科會學術研究獎金。

② 陳大爲與張艾弓兩位研究生研究羅門詩世界分別獲得碩士學位。

詩與我（代序）

一

首先我要說的，是我將整個生命投給詩（與藝術）近半個世紀，於二十世紀即將結束，二十一世紀即將來臨之際，還要堅持同詩走完我的一生，這種近乎宗教性的信望，除了是基於一種對我內心有絕對說服力的思想力量，令我信服，還會是什麼呢？的確詩（與藝術）給人類帶來眞正永恆的財富；『美』，讓我深悟人類活著，如果眞的有智慧，應該是盡心盡力在科技引發高度的物質文明爲人類肉體打好「衣吃住行」的豪華基礎上，去向上建構人類更輝煌的生命與精神的宮殿；也就是不但讓我們的身體住進外在美的玻璃大廈，尙要讓我們的心靈住進內在美的水晶大廈。否則，人類活著仍是一頭美麗的文明動物，只是將在原始曠野睡覺與吃飯的地方，往「希爾頓」的套房與餐聽裡搬，而不可能是一個確有「美」的生命內容的人。要人有「美」的生命內容，事實上，只有詩與藝術的力量能確實達成。因爲詩與藝術的終極工作是「美」，是將所有的生命與事物提昇到「美」的顚峰世界……至於其他的像科學、哲學、政治、歷史，乃至宗教……等思想，都只能豐富詩與藝術的思想，卻不能美化詩與藝術的思想；但詩與藝術超越中的「美」的思想——

可美化科學的思想——使科學不致於野蠻。

美化哲學的思想——使哲學不致於僵冷。

美化政治的思想——使政治不致於腐化。

美化歷史的思想——使歷史不致於乾燥。

美化宗教的思想——《聖經》是詩看著寫的，詩與藝術不但是人類內在生命最華美的人行道，就是神與上帝禮拜天來看我們，也是從讚美詩與聖樂裡走來的。

此外尚可美化時間。

美化空間。

美化社會。

美化國家。

美化整個人類世界。

美化人從搖籃到墳墓的整個生命過程。

其實每一個人的一生，都是一首美在不同形態中的詩，一件美在不同形態中的藝術品。

難怪孔子早在古代就認爲「詩是天地的心」。

法國詩人阿拉貢也說：「詩就是天國」。

亞利斯多德也認爲：「詩較歷史更有哲學性，更爲嚴肅」。

杜斯妥也夫斯基也說：「世界將由美（就藝術）來拯救」。

其於以上的看法，我想對詩與藝術的終極價值做進一步的論斷，我認爲：

●詩與藝術在科學、哲學、政治、宗教……等學問之外，爲人類創造了一門「美」的生命的學問。

●將詩與藝術從人類的生命裡放逐出去，那便等於將花朵殺害，然後來尋找春天的含義。

●詩是打開內在世界金庫的一把鑰匙，上帝住的地方也用得上。

●如果詩死了，美的焦點，時空的核心，生命的座標到那裡去找？

●太空船可把我們的產房、臥房、廚房、賬房與焚屍爐搬到月球去，而人類內在最華美的世界，仍須要詩與藝術來搬運。

●世界上最美的人群社會與國家，最後仍是由詩與藝術而非由機器造的。

●沒有詩與藝術，人類的內在世界，雖不致於瘂盲，也會丟掉最美的看見與聽見。

●愛因斯坦等科學家腦的思路，進入無限奧秘的世界，有所發明，也都是「詩」

一路爲他們打著無限的想像之光。

●詩與藝術能幫助人類將「科學」與「現實世界」所證實的非全面性的眞理，於超越的精神作業中，臻至生命存在的全面性的「眞理」。

●詩與藝術創造人類內心的美感空間，是建造天堂最好的地段。

●詩與藝術在無限超越的N空間裡追蹤「美」，可拿到「上帝」的通行證與信用卡。

●詩與藝術創造的「美」是構成上帝生命實質的東西。

●如果世界上確有上帝的存在，則你要到祂那裡去，除了順胸前劃十字架的路上走去；最好是從貝多芬的聽道，米開蘭基羅的視道，以及杜甫、李白與莎士比亞的心道走去，這樣上帝會更高興，因爲你一路替祂帶來實在好聽好看的風景。

●如果神與上帝請假，那麼在人類可感知的心靈之天堂裡，除了詩人與藝術家，誰適宜來看管這塊美麗可愛的地方呢？

●詩能以最快的速度與最短的距離，進入生命與一切存在的眞位與核心，而接近完美與永恆。

●詩與藝術創造的美的心靈如果死亡，太陽與皇冠也只好拿來紮花圈了。詩與藝術在我看來，它已成爲一切完美事物的鏡子，並成爲那絕對與高超的力量，幫助我們回到純粹生命的領地。

●「詩」是內在生命的核心，是神之目，上帝的筆名。

如此看來，在人類存在的世界裡，面對高科技與物質文明勢必更爲強勢的廿一世紀，詩與藝術更應被視爲建構人類理想與優美的新人文生活空間的主要且絕對的巨大力量。的確沒有詩與藝術，人與世界，便不可能在本質上眞的「美」起來，當然我在此一再強調的「美」，它指的不是外在表象的美，而更是所有藝術家與詩人特別追求的內在精神、思想與觀念之「美」；也不只是快樂、幸福、理想與希望……等是「美」的，就是人類活著逃避不了的痛苦、悲劇乃至虛無與絕望……等，在詩（與藝術）中也能轉化呈現出莊嚴甚至震撼性的「美」的存在。

事實上，我之所以將一生專誠的投給詩（與藝術），有如物體拋出去，被地心吸力吸住不放，那是因爲詩（與藝術）確已被視爲是我對自我生命與人類世界以及一切存在進行深一層探索與感知的最佳、最美、最具吸引性與迷人的力量，我甚至認爲：離開詩（與藝術），便事實上等於離開了我自己，也離開了那確實具有豐富、美好內容的「人」與世界。寫詩這件具有宗教性的嚴肅的心靈作業，對我已不只是存在於第一層面的「興趣」問題，也不只是玩弄文字的藝術遊戲；而是對存在深層價値與意義的追認；詩已成爲我企圖透過封閉的肉體存在，向內展開且建立起那無限透明的生命建築，去瞭望「前進中的永恆」存在世界。

二

至於談到詩的創作，我是從一九五四年認識以《青鳥》詩集聞名當時詩壇的女詩人蓉子、以及我第一首詩〈加力布露斯〉被紀弦先生以紅字刊登在他主編的《現代》詩刊，那時候開始的，（詩友曾開玩笑說羅門第一炮就紅了）。

迄今已四十多年（近半世紀），詩風由浪漫到象徵到超現實到彼此互動的整體運作，已建立我個人的獨特風格。面對詩，我始終認爲所有的主義、流派以及古代、現代、後現代的後現代……等時空狀況與所有存在的事物景象，都只是材料，必須機動的納入創作的心靈去溶化提昇，成爲一己具有獨創性的藝術生命。所以寫詩對我而言，不只是懂得使用古、今、中外詩人一直都曾用過的那些古典、浪漫、象徵、超現實、白描以及抽象、具象、新寫實、立體與蒙太奇掃描……等的創作表現手段，而是更應該透過所有的表現手段，同時呈示出作品內層世界具有思想深廣度的「美」的感人的生命力。因爲詩絕非只在建造藝術「美」的空屋，屋內必須住有「人」與「生命」；同時也由於詩並非製作智識與學問的標本，而是將智識學問變成思想、將思想更變成智慧、將智慧更進一步變成生命的思想。可見詩是創造生命的，詩人（與藝術家）無形中也是「生命」的另一個造物主。

當然詩也不同於其他文類，因它是屬於極簡藝術（Minimal art）的表現，以極少的文字，去施放出巨大的思想能量，故必須強調緣自「意象」世界所產生「象徵的暗示性」與「超現實的緣發性」，使詩語言的活動能力，能自其他文類語言在「說明性」的兩度「平面」空間，進入「悟知性」、「非說明性」的三度、四度乃至N度更廣闊的「立體」空間去工作；也就是說：詩絕非是第一層次現實的複寫，而是將之透過聯想力，導入潛在的經驗世界，予以觀照、交感與轉化爲內心第二層次的現實，獲得更富足的內涵，而存在於更完美且永恆的生命結構與形態之中；使外在有限的表象世界，變爲內在無限的心象世界。這也正符合我主張的「第三自然螺旋型架構世界」的創作理念——將現實的「第一自然（田園）與第二自然（都市）」兩大生存空間，經由心的交感、轉化與昇華，變爲內涵更富足與無限的內心「第三自然」的存在景觀（註一），如此詩方可能獲活動空間，使柏拉圖「理想國」的坪數都嫌小了。

的確構成詩世界的基本元素，是「意象」，詩人是靠精彩的意象活著的，因意象能超越外在有限的現實事象與物象，進入內在無限存在的意境，獲得詩境，因此也可見好的詩境是由好的意象來建構的。難怪龐德特別的指出，詩人能找到一個驚奇的意象，是興奮的事；確是如此，當我將天地線寫成〈是宇宙最後的一根弦〉這一意象化的詩時，心中確感到一些意外的驚喜；當名詩評家蕭蕭在文章中指稱我運用意象有超人一等之處，則做爲詩人的我多少感到一些榮幸。我們如果將詩看成是高級想像的遊戲，那麼想像可以說是意象的同胞兄弟。可見「意象」是詩自古以來根本去不掉的東西，它是詩「能見世界」的萬能眼睛，能將潛藏在生命與事物深處的美與奧秘探視出來，而這項工作也正就是詩主要的工作。

若有人在後現代，圖完全排除詩的意象，那顯然是不智與不加深思的，因爲詩如果沒有「意象」，詩會餓死，或者「窮」得只好交給散文領養，甚至使中國五千年來以詩意境高超爲榮的文化心機受到傷害。事實上詩高超的「意境」世界是由高超的「意象」來領航與達成的。

雖然從「現代」到「後現代」，我們發現到一個冷酷與荒謬的存在事實，那就是科學的「帝國主義」引發的物質文明不斷將大量的「物」，架構起強勢的「物架」空間，幾乎全面佔領人內心的靈悟空間；人也幾乎全被埋在「物堆」裡，被迫不斷與可見的「物」打交道，而人的內心則像空寂與陰暗的地下室；加上外在世界，快速度的存在與變化，這秒鐘還沒有接住，下一秒鐘已闖進來，使人與存在的一切拉不出內心觀照的距離，只是「物景」在「眼睛」的電影機上，連續出現，「心象」（意象）便自然的被扼死了。所以目前詩壇，有不少詩放逐「意象」，採用後現代「連環套」與「拼湊（COLLAGE）」藝術觀點，將無數連續迸發的現象，聚合在繁複、交錯、變異甚至斷裂、相互衝突與顛覆的缺乏深度的「平面」圖景中，產生新異性、驚異性與怪誕性……等效果，並呈示具革命性、前衛性與實驗性的創作意向，看來似有其存在的現實性訴求；也有其論談的某些正當空間。但畢竟仍顯有偏失與可見的盲點；因爲若只憑靠「腦」知去同「物象（視象）」往來、所形成的「指符世界」，而排除「心」悟去同「心象（意象）」往來、所形成的「意符世界」，則不但是切斷了人類內在生命在立體與N度空間活動的一個至爲卓越美好與高度智慧的形而上精神境域，同時也是使詩到不了自己那裡去，於途中被在兩度平面上活動的「散文」夾持。因爲詩本質上，是不能不透過明喻或暗喻的「意象」以及採取極簡（MINIMAL）藝術的精簡手段來呈現：像「採菊東籬下」，只是外在「視象」的「指認（指符）」，詩尚未出現，仍是散文；直到「悠然見南山」中的「南山」，出現了「意象（意符）」，詩方露面。可見排除「意象」，等於是不要「詩」出來，即使使用平面的白描手法，其內層仍暗藏著意象，詩根本上是以「意象」來表現不可見的更爲眞實奧秘與無限的世界，而指陳可見的世界，是散文小說與報導文學的事。

從深層的意義來看，詩是架在「腦」與具感悟性的「心」之間的「通化街」與「高架橋」；不宜只關在「腦」的知性思維與冷感的智識庫裡寫，因爲那是偏向於理性思考的作業區；而詩雖可吸取理知性的思維，但最後仍必須溶進「心」悟的「意象」世界來寫，否則詩最後會僵化甚至被活埋在一大堆冰冷的「智識」與「視象」的殘骸中，無形中傷害詩意境高得令使全世界都仰慕的「杜甫」與「李白」型的詩心。而這顆詩心，正又是東西方文化，於面對科學強勢推展下的機械與物質文明世界，導使人類心靈患上荒蕪與飢渴症，所特別渴求的。因爲最美最輝煌的科技文明，它是須要卓越的心——也就是具有高度慧悟的美的「詩心」，來擁抱與融合，否則，它會變得粗陋低俗、甚至野蠻。所以「機器」的心，必須有人溫潤的心住進去，使「物象」與「心象」、「物性」與「心性」相交溶交感成具有世界觀的人文思想空間。因而，也可在此彰顯本文站在「第三自然螺旋型世界」，特別確認與強調詩的「主體性」對人類生存世界的重大貢獻與永久的功能性，是有實據的。

依此，再往前思考，我認爲詩人在寫詩前既然也是人，則他也勢必透過詩對生命與一切進行探索時，具有宏觀與微觀的思想，去面對人存在的種種較重大的生命主題：如「戰爭」、「時空」、「死亡」、「永恆」、「都市文明」、「性」、「自我」與「自然觀」……等，唯有如此，方可能使詩的文字符號，進入與人存在有深廣度的思想層面去作業，而創造出眞正有震撼力與偉大思想且感人的作品。不然，都難免是小家之氣，成不了眞正的大家，甚至使詩人淪落爲文字的要巧者，同其他行業的賣藝者，沒有兩樣，最後甚至也放棄寫詩。

寫到此，由於我一再強調自己是對「生命」與「藝術」在做雙向投資的詩人，所以便不能不在重視詩「主體性」的同時，也特別重視詩的「本體性」，因詩的「主體性」是需要詩的「本體性」來呈現的。

至於詩的「本體性」思想它不外是依靠比、象徵、超現實、白描、投射乃至其他現代藝術使用的立體、組合、夢太奇、具象、抽象、超寫實、極限、達達、空間觀念以及後現代藝術使用的解構與多元拼湊等這許多技巧與手段，來自由的運作推展與營建，不必受限於任何一個帶有「框限性」的藝術主義與流派，即使超現實主義顯有較優越的藝術表現，但詩人在創作中，還是要機動與多面性有效地提昇與活用各種藝術流派與主義的特殊機能，來自由參與詩的創作活動。這樣則顯然有較更寬廣與多變化的表現空間與有多面性的創作形態。這也就是我一直主張的多向性（NDB）（註二）藝術創作觀點，解除所有無形與有形的框限與標籤，使所有主義流派等美學包裝形態，所有出現的材料、媒體以及古今中外等時空範疇乃至現代、後現代……不斷呈現的新的現代，都只是自由納入創作心靈熔化爐的有機元素，有待詩人自由的運用與創造出詩的全新的藝術生命。

基於這種多向性（NDB）的藝術創作觀點，我個人在詩的「本體性」上，經過一己的詩創作經驗，探索出下面詩語言技巧的十多種語路以及檢驗與品管詩語言的五個質點。

(一)詩語言技巧運作的十多種語路：

1.虛實雙向互動性語言

如「海」詩中「只有讓鋼琴聲往深夜裡走／我方能走進妳藍色的幽遠」——詩句中的「鋼琴聲往深夜裡走」是「實」；「走進你藍色的幽遠」是「虛」。「虛」與「實」在雙向相互動中，便構成具象徵性與相互觀照的情愛空間與境況。

2.反常態倒置式語言：

如〈車禍〉詩中的「他不走了／路反過來走他」——便形成處在死亡的存在中，那種更荒謬且強烈對比的張力空間。

3.雙重影像式語言：

如〈雲〉詩中的「雲帶著海散步」——因「海」是沉重的，「雲」是飄逸的，當「雲帶著海散步」，我們除了看到外在奇妙的畫面，尚可在象徵世界中看見能超越沈重現實世界而悠遊的老莊、王維等人的生命影像。

4.純物態指示語言：

如〈咖啡情〉詩中的「一輛同號碼的巴士／在窗外過了又過／一個同名字的他／在窗內坐了又坐」——只是純物態的描述，但卻象徵的傳眞出一個至爲單調無聊以及孤獨與在機械中循環重覆的生存空間狀態與生命景象。

5.行動節奏感式的語言：

如〈都市的旋律〉詩中的「短裙飛來隻隻鳥／長裙飄來朵朵雲／胸不挺高／山會崩／腰不扭動／河會死……」——近乎是以行動形態與敲打樂的節奏感表現都市的動面現象，並「投射」與「象徵」出都市生活所流動的具體的性意識。

6.動作意象式語言：

如〈悠然見南山〉詩中的「鳥把自由與遼闊拋在我的頂樓／我雙手撿起來／緊緊

抱住／竟是我自己……」——從「雙手撿起來，緊緊抱住，竟是我自己……」的情形來看，「動作」本身就已流露對無限自由的珍惜之態而凸現出意象的「意符」功能。

7.造型式語言：

如〈流浪人〉詩中「椅子與他／坐成它與椅子」——將第一句的「椅子與他」塑造成第二句「它與椅子」，椅子的造型，雖不更動；但「他」被塑造成「它」，這樣將「活人」改造成「物體」的造型，象徵流浪人在咖啡室裡究竟坐成那一種孤寂、木然無感的存在狀態與情境？可見而知。

8.梯次進行式語言：

如〈海邊遊〉詩中寫海的靜境：「世界靜成什麼樣子／風問浪／浪問石／石問山／山問雲／都不說」——從無形的「風」問到有形的「石」到「山」到「雲」，從遠問到近到高到渺茫，梯次進行式的一路問下去，都沒有回答，都不說，最後便是在暗示中，更迫現出海空靜與沉寂的無際無際的樣子來。

9.生命動體性語言：

如〈曠野〉詩中，曠野本來是靜止不走動的，但詩可把曠野當作生命的動體來寫成「你隨天空寬過去／帶遙遠入寧靜」——這樣「曠野」便無形在詩中被視爲一個有無限遼闊生命的人體在走了。較直寫「曠野無限的遼闊與寧靜」是何等不同的詩世界。

10.直敘性語言：

如我最短的一首詩〈天地線是宇宙最後的一根弦〉——那便是以直敘性的語言「直線」，去劃那條具有生命象徵性的「天地線」——一根弦的「直線」。

11.一筆描式的語言：

如我在詩中寫的「咖啡將你沖入最寂寞的下午」，是加速度「一筆到底」的語言，追擊與投射現代都市人生活的一些特殊性的實況與情境，同「黃河之水天上來」的語態有近似之處，都是一筆描下去；但我寫的是都市景象，古詩人寫的是田園景象。

12.誇張的特寫性語言：

如我詩中寫的「摩托車把整條街揮過來」，是以特寫的「濃入鏡」予以表現——呈示出現代機械文明與都市具強勢侵犯性與壓迫感甚至威脅性的生存空間。

13.拼湊式語言：

如〈麥利堅利堡〉詩中的「神來過，敬仰來過，汽車與都市，也來過」——讓形上形下不相干又相抵觸的事物，拼湊成一盤失控失調與錯位荒謬的存在價值現象，給予強力的反擊與質疑。

14.跨躍式語言：

如〈時空奏鳴曲〉詩中的「在建築物龐大的陰影下/他坐來大榕樹下的童年」——是童時與老年的時間大跨躍以及都市與田園的空間大跨躍，兩大跨躍便引爆出人存在無法回轉的強大的時空鄉愁。

15.立體空間搜瞄式語言：

如〈晨起〉詩中的「一呼吸／花紅葉綠／天藍山青」——將在早上呼吸這一動作，帶動「近」處的花，「高」處的天與「遠」處的山，都一起呼吸成「旋動的立體空間，使近景、高景與遠景都來不及的一起納入掃瞄的蒙太奇的鏡頭。再就是花、葉因呼吸而紅、綠，天因呼吸而藍、山因呼吸而青，便也無意中銜接了古詩中「相思黃葉落」緣發性的語感。

16.緣發式語言：

如〈窗〉詩中的「猛力一推／竟被反鎖在走不出去的透明裡」——推窗本是爲了進入無限的透明，但「透明」卻在窗被推開時，自己反而自動緣發成爲走不出去的困境。

以上所列舉的這許多在詩運作中的不同語路（當然還有），都可說是我對詩「本體性」的藝術功能的重視以及所做的探索與發現。

㈡檢驗與品管詩語言的五個質點：

這些質點，是我從當代國際上五位藝術大師創作中較獨特的「卓越點」，提取出來，做爲觀照與印證的。

1.第一個「質點」是現代西方藝術大師畢卡索（Picasso, Pablo）的「空間掃描」與「立體表現」觀念（見圖1.）它使世界由封閉的體積，展現成透明體，獲得開放的視野，隨著三六〇度移動的觀點，而建立起多向性、多層面的立體美感空間。詩語言的活動，若能通過這個「質點」，必能產生更富足的內涵力，而排除其平面性與淺薄感。像杜甫詩中的「高枕遠江聲」，便是能經過這一個「質點」。因其詩的語言中，用上「遠」字這個精彩與卓越無比的動詞，便呈現出「江流的距離感」、「景物的移動感」以及「作者那閒適、淡遠與懷想以及存在於渺茫中的心態」等三方面相交疊的立體美感空間，使詩語言所展示的內涵與能力，便因此豐美與碩大。至於詩人張說寫的「高枕聽江聲」的「聽」字，因是平面單向的抒述，顯得平白膚淺，便不經過這個「質點」。當然詩語言經過第一個「質點」，獲得多層面以及豐富開闊的蘊含之後，尚須經過精密壓縮與凝聚，使其獲得密度與質感，於是就要再經過下面的第二個「質點」。

2.第二個「質點」，是現代西方藝術雕塑大師加

圖 1.畢卡索（Picasso, Pablo）
三六〇度移動視點
立體主義（CUBISM）

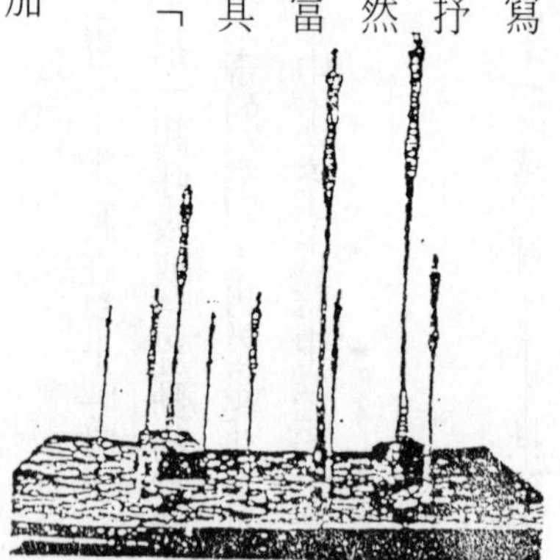

圖 2.雕塑大師加克美蒂
（Giacometil, Alberto）
壓縮、凝聚、冷歛、強度與質感

克美蒂（Giacometil, Alberto）作品中所表現的「壓縮、凝聚」形成的「冷斂美」（見圖2.）。它使詩語言在活動中，獲得可靠的強度密度與質感，排除語言虛弱與鬆懈的現象。在這方面，杜甫的「高枕遠江聲」，因「遠」字有經過凝聚的深層思考力。顯已通過第二個「質點」；張說寫的「高枕聽江聲」則沒有完全通過，因未做深一層的透視，「聽」字便缺乏思想回折的深度與韌力。詩語言通過第二個「質點」，尚須使其經由壓縮得來的眞實的質感，再次提升，以達到精純感。於是還必須通過下面第三個「質點」。

3.第三個「質點」是現代西方藝術雕塑大師布朗庫斯（Brancusi C.）作品中透過抽象過程所提升的「單純美」（見圖3.）。它使詩語言在活動中，呈現有明澈的精純感與水晶般的潔度，像玉中之璞。排除語言的粗略與平庸性。杜甫那句詩已通過第三個「質點」；張說則沒有確實通過。因杜甫那句詩的詩思是眞正把握到豐富與具立體感的「單純性」；張說那句詩的詩思抓住的只是平面淺見的「單薄性」。詩的語言通過第三個「質點」，尚須使其精純的質感，進而獲得活動幽美的形態與音樂的節奏感，於是又必須通過下面第四個「質點」。

圖3.雕塑大師布朗庫斯（Brancusi C.）
抽象提升精純感與單純性

4.第四個「質點」，是西方現代藝術抽象大師康丁斯基（Kandinsky, Wassily）作品中，所呈露的「律動美」（見圖4.），它使詩語言在活動中獲得優美的韻律與音樂的節奏感，排除詩呆板與僵硬的現象。很明顯的，上面所舉杜甫與張說的那句詩中，雖都通過第四個「質點」，但畢竟杜甫語言「律動美」，是美在較高的語言意涵與詩思層面上，故較張說爲佳。詩的語言通過第四個「質點」，尚須使之整體地臻至完妥與圓融圓滿之境。於是在最後還須通過下面第五個「質點」。

5.第五個「質點」是雕塑大師康利摩爾（Moore, H.）作品中的「圓渾感與飽和感」（見圖5.）。它使詩的語言呈現出圓融的渾然之體與完整的穩妥之態，排除語言有瑣碎破損之處。依此，杜甫的「高枕遠江聲」與張說的「高枕聽江聲」，雖都同樣通過第五個「質點」，但仍因杜甫詩語言的意涵與詩思絕佳而「高」，故相比較下，張說便不能不「低」了。

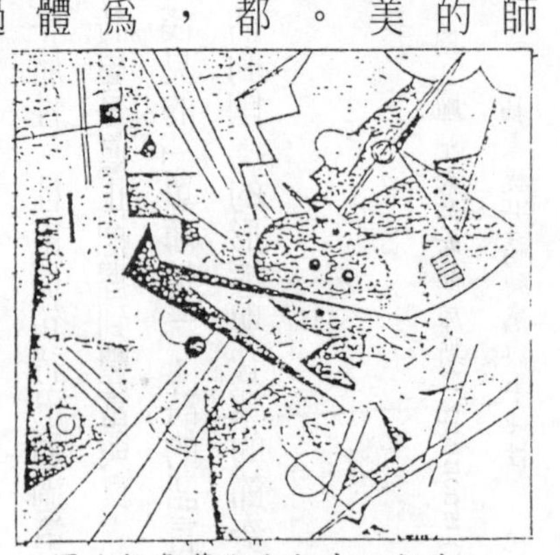

圖 4.抽象藝術大師康丁斯基
（Kandinsky, Wassily）
音樂的節奏感與律動美

圖 5.雕塑大師康利摩爾（Moore, H）
圓融、飽和、完整的穩妥

我試圖以上面五個有序地串連成整體功能的「質點」，做爲查驗語言結構形體的基本能力，是因爲詩的工作能，幾乎全偏向於詩語言的工作能，而這五個源自當代國際五位大師創作所呈現的卓越與特殊的「質點」，經從上面所做的驗證，似已能查證出詩語言優劣的品質；同時由此尚可進一步來檢視當前詩創作的實況：

如果我們是有眞見而且坦誠，我相信大家都會清楚的發現到我們的現代詩自步出「高山、深谷、繁茂、艱深」型的意象世界，進入較「開闊、平坦、明朗可見」型的直抒世界之後，加上目前抒事詩的大大鼓吹，詩人又大多困在「外在浮動性」的現代都市生活中，定不下心來，便難免缺乏在心境與藝術上所必須的內省與深思，於是使大量現代詩於不知不覺中向散文世界逃奔自由；其語言的工作能，便也大多在疏懶與平淡的氣氛中，淪落與受困在張說「高枕聽江聲」語言低層次的平面直抒狀況中；而達不到杜甫「高枕遠江聲」語言的豐盈境域；當然也因此遠離了中國古典詩的優越性，帶來現代詩的另一些新的危機。這我們可從不少詩人與讀者的話中聽見，從報刊雜誌中所發表的許多詩中看到。

我提出查驗詩言語的五個質點，只是我個人的體認與看法，如果有人認爲詩的「語言能力」，是存在於整首詩的交合作用中，我不會反對。但我仍然要從「整體性」的結構中，追入「局部性」的單元結構中，以上述的五個「質點」去查證構成整首詩的每句詩的潛在功能與實力。否則我們便不會深入且徹底地檢驗與看出「他總是孤孤單單一個人，多麼的孤獨啊」與「他帶著自己的影子，向自己的鞋聲走去」這二句詩對孤獨感所表現的效果與藝術層面會有什麼不同。

三

接下來要談的，是我個人從四十多年的創作經驗中，發現無論詩如何變而下面這兩項較重要與具有永久性的創作理念，應是不會變的。在過去的論談中，都曾以較多的篇幅詳談，在這裡，只做較扼要的說明：

(一)詩人創造了「存在的第三自然」

首先，我們知道所謂「第一自然」，便是指接近田園山水型的生存環境；當科學家發明了電力與蒸氣機等高科技的物質文明，開拓了都市型的生活環境，自然界太陽自窗外落下，電氣的太陽便自窗內昇起，再加上「人爲」的日漸複雜的現實社會，使我們更清楚地體認到另一存在的層面與樣相——它便是異於「第一自然」，而屬於人爲的「第二自然」的存在世界了。

很明顯的，第一自然與第二自然的存在世界，雖是人類生存不能逃離的兩大「現實性」的主要空間，但對於一個探索與開拓人類內在豐富完美生命境界的詩人與藝術家來說，它卻又只是一切生命存在的起點。所以當詩人王維寫出「江流天地外，山色有無中」、艾略特寫出「荒原」，我們便清楚地看到人類活動於第一與第二自然存在世界中，得不到滿足的心靈，是如何地追隨著詩與藝術的力量，躍進內心那無限地展現的「第三自然」而擁抱更爲龐大與豐富完美的生命。詩人王維在創作時是使內心與「第一自然」於和諧中，一同超越與昇華進入物我兩忘的化境，使有限的自我生命匯入大自然龐大的生命結構中，獲得無限；詩人艾略特在創作時，是與第一或第二自然於衝突的悲劇感中，使「生命」超越那存在層層阻力，而獲得那受阻過後的無限舒展，內心終於產生一種近乎宗教性的執著與狂熱的嚮往——這種卓越的表現，它不就是上帝對萬物存在於完美中，最終的企盼與祈求嗎？的確，當詩人的心靈活動，一進入以「美」爲主體的「第三自然」，便可能是與「上帝」華美的天國爲鄰了；同時我深信，只有當人類的心靈確實進入這個以「美」爲主體的「第三自然」，方可能擁抱生命存在的深遠遼闊與無限超越的境界；方可能步入內在世界最後的階程，徹底了解到「自由」、「眞理」、「完美」、「永恆」與「大同」的眞義，並認明「人」與「自然」與「神」與「上帝」終歸是存在於同一個完美且永恆的生命結構之中，而慧悟湯恩比心目中的「進入宇宙之中、之後、之外的永久的眞實的存在」之境，此境便也正是在第三自然世界所展望的無限高超與輝煌的詩境。

當我們確認詩人創造了存在的「第三自然」，事實上也就是說，沒有「第三自然」，詩人乃至所有的藝術家便也沒有工作的場地與目的地了，同時「第三自然」更是確實品管著詩人語言媒體中的「名詞」、「動詞」與「形容詞」是否能充份達成詩的要求，進入詩的世界。

譬如「窗」、「落葉」、「天地線」等停留在說明中的「名詞」，經聯想轉化使「窗」成爲是「飛在風景中的鳥」，使「落葉」成爲是「風的椅子」，使「天地線」成爲是「宇宙最後的一根弦」，方能出現詩。而此刻取代「窗」、「落葉」、「天地線」而更生爲「鳥」、「椅子」、與「弦」，便只能在「第三自然」中以「意象」出現，被詩眼看見，在「第一自然」與人爲的「第二自然」是不存在與看不見的。同樣的，柳宗元將本應是「獨釣寒江魚」的「魚」這一名詞，在詩中轉化爲「雪」，寫成「獨釣寒江雪」，則這句詩便非寫給魚老板看、而是寫給哲學家看的；因爲他釣的是整個大自然孤寂荒寒的感覺。所以「雪」這個名詞，既不是「第一自然」山上的雪，也非「第二自然」冰箱裡的雪，便又只能在「第三自然」中出現，被詩眼看見，收留在詩中。

又譬如在視覺世界中我們用「看」這個「動詞」，當飛機飛在雲上的三萬呎高空，宇宙間神秘無比廣闊無限的景觀與造型畫面，若只用平面的「看」是「看」不出來的，即使進一步用「讀」這一使眼睛有思想與立體視感的動詞，取代「看」，也「讀」不出來，而只有用眼睛「跪下來看」，方能充份表現出內心對浩瀚宇宙所流露的那種無限虔誠與膜拜的感動之情，方能讓「跪下來看」的「看」這一「動詞」，進入N度空間去「動」出那有表情與神態的無限感人的「動」境來；而當「看」改成「跪下來看」，也只能在「第三自然」世界方會出現，被詩眼當作詩確實的「動詞」收留下來。由此也可看出詩創作世界所隱藏的原創力與獨創性——本來在第一與第二自然的視境裡，眼睛是不能「跪的」，但在「第三自然」的視野，詩人在必要時，有權叫眼睛非「跪」下來看不可，因爲詩人是語言的導演、重建與創造者。

再下來如「形容詞」，我寫「天地線是宇宙最後的一根弦」，其中的形容詞「最後的」，也是在「第三自然」開放的遼闊視野中，方能出現與看到的，因爲小提琴的弦、大提琴的弦、二胡的弦、古箏的弦、祖父曾祖父的心弦，都被時鐘的鐘齒咬斷了，的確在空茫的時空中，天地線確是發出存在回聲「最後的」一根弦。又古詩人寫「白鳥悠悠下」，用「悠悠」這個形容詞，眞是把本來就美的白鳥，不但在飛中送進最幽美且鳴動著音韻的軌道變得更美，而且整個飛的過程也美，連給它飛著的天空也一起美。當然這種經過形容詞引發的高質感的美，也都是在「第三自然」中被詩眼瞄進來的。如果寫白鳥在飛中，用「飄飄下」這一形容動詞，則不但飛的形態散漫不美，並將本來美的白鳥反而變醜了，若是如此，則被詩眼監視的「第三自然」，是不會讓「飄飄下」這樣平庸不美的「形容詞」裝設在白鳥翅膀上飛進來的。

的確「第三自然」，已被視爲是無所不在的「詩眼」，一方面幫助人類進入無限超越的內在世界中，去進行美與永恆的探索；一方面監視與品管著詩人手中使用的名詞、動詞與形容詞等重要語言的工作品質。同時「第三自然」所展開的無限遼闊與深遠的心象世界，更是所有詩人乃至所有藝術家永久的故鄉與「起居上班」的地方。

此外，我想特別說的，是我提出的內心「第三自然」世界後，進一步發展成「第三自然螺旋型架構」世界，它看來已可能是人類智慧創作的一個理想的基型，因它的空間造型，既含有向上建築性的層次構架，以及有三角形、方形、長方形等的幾何形蘊藏其中，又有靈動與韻律的曲線以及圓渾的圓形，在帶動整個存在空間相融合的向前發展與昇越。……像這樣的「螺旋型架構」造型世界，顯然已納入人類生命活動的「靈運」與「理運」兩大主要思想空間；並也無形中有助於整合近乎兩極化的東西方文化勢力，歸向理想的新人文思想活動空間；同時發現「第三自然」中的「螺旋型架構」世界，既有旋上去的無限仰視的頂端，也有旋進去看不見底的奧秘的深層，以及有前後連貫性發展的脈絡與軌跡，因而它在面對名思想家詹明信（G.Jameson）指控人在「後現代」已活在沒有「深度」、「崇高點」以及「對歷史遺忘」等狀態時，應可獲得改善的可能與理想的補救；至於在後現代出現創作沒有深度與高度，只追求流行的謬論，「第三自然螺旋型架構」的創作世界，更是有效的提出有說服力的指正，而認爲即使後現代詩有向平面滑溜的現象，其平面仍應潛藏著可想見的深度與高度；因爲海都有深度，山也有高度，何況詩中所架造的龐大生命建築，怎能沒有它深厚的地基與可觀的高度？怎能只存在於流行的現在，而不進一步存在於連住「過去」、「現在」與「未來」所形成的「前進中的永恆」之中。像柳宗元詩中「獨釣寒江雪」的

「雪」，是一直溶不掉的存在了一千多年。的確，詩與藝術既被認爲是開拓人類內在更爲深廣久遠的美的視聽世界，則反對「浮面」、「淺薄」與「流行性」的氾濫是可見的，堅持在詩中探索與建立一個確實具有「美」的深度與不斷向頂端爬昇的創作世界是絕對的。

㈡激化詩創作產生前衛性與創新性的「現代感」

我之所以強調「現代感」，那確是所有具有高度覺醒性與認知力的創作者，都能體認與認同的。因爲「現代感」深一層的意義，不只是要我們去看一架起重機是如何把一座摩天大樓舉到半空裡去的現代文明景觀；而更是要我們全人類的心靈，在焦慮中等待與守望著下一秒鐘的誕生；因爲下一秒鐘將爲我們在已有的一切中，帶來一些過往所沒有的新的事物。這便是緊緊抓住詩人在創作中最主要的三種生命動力——它就是「前衛性」、「創新性」與「驚異性（或震撼性）」。

1.「現代感」所含有的「前衛性」，正是使詩人在創作中機敏地站在靠近「未來」的最前端，去確實地預感新的一切之「來向」，而成爲所謂的「先知者」，導使創作邁進新境，呈示存在新的美感形態與秩序。這點我們可從世界抽象畫大師杜庫寧的創作觀點與行爲中，獲得印證，他在同一張畫布上，隨時將新的發現畫上去，說明人類創作的智慧，在未來的時空中，會不斷有新的發現。

2.「現代感」所含有的「創新性」，便是一直在查驗與檢定詩人的「創作生命」

是否有「新力」。如果詩人在「心象」以及「語言」與「技巧」的活動，缺乏「創新性」，便勢必於不知不覺中，陷入殘舊與僵化的創作狀態，這也就是大多數創作者常提到的「自我突破」；所謂突破便是不斷的超越，以抓住創作上不斷成長的新的機能。

3.「現代感」所含有的「震驚性」，它不但刺動詩人的創作生命，在形態與內涵雙方面，呈現出不同於以往的新的感人的威力；同時也是給讀者感受的心靈，引起新異、迅速且強大的反應，帶來新的喜動與滿足。

此外「現代感」尚可測探詩（與藝術）創作者，在面對「傳統」時，所呈現下面五種不同的「創作」思想內涵與形態，而影響創作者的創作動向與前景。

第一種——死抱住「傳統」，把「故宮」的門關上，只看「櫥窗」內冷凍的山水，不看明天的太陽是如何將大自然不同的風景，送進人們的眼睛，管它的「抬頭望明月，低頭發生車禍」，管它的建築物圍成街口將天空與原野吃掉，人躲在冰箱裡看冰山冰水……。像這樣拒絕不同存在與變化的現代時空對話，採取封閉式的保守觀念來面對藝術的創作世界，顯已失去創造力，也自然喪失了做爲藝術創作者的身份。

第二種——抱住「傳統」的大包袱，走上現代藝術的高速公路，顯有可見的壓力與阻力，以及顧「前」顧「後」，缺乏衝刺、超越與突破力……等現象，因而勢必發生新不新、舊不舊與拉扯不前的尷尬創作情形，同現代藝術特別強調與重視的前衛性與創新性是確有很大的距離與落差，也自然在藝術創作的跑程上，因步拍不一致與遲緩，而始終落後，便一直處在被淘汰的範圍內。

第三種——從「傳統」走進「現代」，「傳統」與「現代」有經過化解的相交通相脈動的可見的連線，不完全切斷「傳統」；也不是抱著「傳統」在走；而是從「傳統」走出來，走向「現代」，但仍繼續受傳統明顯與相當大的影響，形成仍含有「傳統」形質，又能展現推陳出新的現代創作形態，雖然仍難免受到「傳統」的牽制力，不能享受到全然脫離「傳統」的絕對自由，跑得特別的快速，但在「傳統」與「現代」相互動的雙軌上仍能保持中和、穩健的前進步調，顯然也是在現代藝術創作世界中，可信賴與具平衡感且有展望的創作形態。

第四種——站在「現代」眞實存在的時空環境，以全然開放的自由心靈，吸取與提昇「傳統」及「非傳統」的一切存在的有機生命質素、機能與精華，建構起能包容與觀視「現在」、「過去」與「未來」的全面開放的新的視野，而盡量排除對藝術自由創作有任何有形與無形的制約力；這樣，似更有利藝術家在創作時，有更好的時機與更多的可能去創造出具突破性、創新性甚至「從未見過」的藝術奇蹟，以這樣的創作生命型構與態度來接受「傳統」，使「傳統」的牽制力盡力消滅，藝術的自由度相對加強，似乎是更符合後現代創作給於創作者更大的自由，大到可達到我過去一再說的：「眞正的藝術家，能拿到上帝的通行證與信用卡」，去自由進入無限的世界，來爲「美」工作，這也正是藝術原本的企求與終極的目的。

第五種——只抓住「現在」存在與變化的過程，及目前流行的新奇，使過去的「傳統」與「現代」之間沒有必要的接合點，甚至斷層，至於「未來」的一切，只要它來，便跟著就變就新，可謂是不停的標新立異，見到「傳統」就反，缺乏歷史感，缺乏思想根性與深度，一路擁抱流行、追逐新潮熱浪，存在於飄浮沒有岸、射耙沒有耙心的世界裡，將動變的現象，錯看成本質的存在，以外顯的相連閃爍，引起大衆驚視，那只是一連串很快死在光速中的煙火，那只是燦亮在「地攤文化」裡，沒有眞正質感的假寶石，而不是亮起藝術豪華之宮的「鑽石」燈，雖都分別從「傳統」的制約力中，取回創作的全部自由，但創作的精神思想與藝術的美學觀點……等的存在層面，都非常不同，當然創作的內涵世界與結果，也大不相同。像這樣，雖都各有其「存在的必要」但又完全不同的存在，便的確像是嘩衆的「流行」歌曲，同貝多芬莫札特等人創造出「永恆」之聲的交響樂，存在於完全不同的世界中。

綜觀上述有關藝術家接受「傳統」的五種態度，可見第三種相當值得關注；第四種則更爲理想值得重視，因它吸取「傳統」精華，卻不受「傳統」絲毫牽制，而持有更自由開放的創作思維空間，去充分且確實的面對無限與「前進中的永恆」的創作世界。至於第一與第五種分別在「保守」與「否定」兩極化的偏執中，均出現盲點與狀況；第二種因仍處在新舊化解不開的僵局中，展不開來，面臨停擺，是可見的。如此看來，接受「傳統」的五種態度，便也無形中成爲對照藝術家不同創作生命形態與世界的五面鏡子。同時也可見「現代感」對一個詩人的創作生命，確實是已重要如呼吸中「新鮮」的空氣。如果我們將詩（與藝術）的創作世界，當是開設在「第三自然」裡的「詩百貨公司」；則「現代感」便是不斷在要求「百貨公司」裡的種種貨品，不但要有新鮮感，而且更要求它繼續有新品質的產品問世。基本上我是採取上述的第四種態度，讓現代感自由吸取精美傳統與非傳統的機能。

接著，有必要來談在九十年代，於面對後現代所謂的「解構與多元化」的創作風潮，我身爲詩的創作者，也不能沒有自己的看法。

我認爲「解構與多元化」的觀念，確有其卓越的正面意義與價值——那就是它將「一」解構變成更多的「一」，多線道的展現出生命與一切事物存在（乃至詩與藝術創作）的多彩多姿與富麗的世界與景觀；這便有如將「太陽」解構，使解構後的每部份，都仍閃著太陽光，進而構成一有新秩序、新光譜的「太陽系」，這應是高見度、高解度與高景層的創作思想觀念，應予以肯定。但在肯定的同時，也不能忽視它可能產生的負面與盲點——那就是如果他本身根本沒有解構「太陽」的實力，他如何解構太陽呢？叫一個打歌的流行歌作曲家，如何去解構貝多芬與莫札特的音樂世界。又如果他本身根本不是「太陽」，而只是一個「玻璃瓶」，那麼被解構與擊破的碎片，便不可能是衆多發光的太陽，而必然是許多閃爍的玻璃碎片。這情形，影射到藝文的創作空間，便會出現流行、淺薄、粗糙、陳雜、弱質化、低俗化的「地攤」型藝文景觀，是可見的。因此在「解構與多元化」的創作行動中，必須注意使多元存在的「力源」與「力道」，仍朝向有秩序、有高見度、深度、好品質與思想內涵的無形的「新」的一元發展。如此，既可堅持「解構」的品質；又可保持與不致於扼殺「主體性」，而避免導使藝術世界只成爲一間美麗或不美麗的「空屋」。這樣，「解構與多元化」的思維，方能是可「思」與可「維」持的。

若更進一步深入的考察，後現代的「解構多元」創作理念，它確在正面提供藝術創作更大且無限的功能性——使古、今、中、外等時空的界限解構，使田園都市、太空等生存環境的界限解構、使所有存在的物質、材料用具（包括電子網路）與一切事物的界限解構、使所有的藝術流派與主義的界限解構，也就是打破一切存在的有形與無形的框限，使一切存在於全然自由與開放的狀態中，讓世界上所有「美好」可用的一切，都不受限的自由進入創作者經過選擇，提昇與機動的創作思想網路，去在無所不能與極端的自由中，創造出多樣性與豐富度的作品，這也就是說後現代創作的解構觀念，在宏觀思想中，深一層的意義，是賦給創作者所使用的「媒體材料」以及「包裝」媒體材料的形式方法獲得全面的自由運用，使詩人與藝術家終於在創作中拿到「上帝」的通行證與信用卡，使藝術世界獲得應有的全面自由。

譬如在視覺藝術方面，後現代所流行的裝置藝術（INSTALLATION ART）表現，將繪畫、雕塑與建築在過去彼此孤立與明顯的分野界線「解構」，使三者「多元」共處在相互動的更富視覺美感的立體與具體的空間裡，拓展與創新了視覺藝術活動的空間，呈現可觀的成果。這便是「解構與多元」表現的很好例證。

說到此，容我也坦然的順便提一下，早在廿多年前（後現代在台灣還是近幾年來方被炒熱），我已將整座房子創造成「燈屋」——這件造型藝術作品，就已全面的使用「後現代主義」的解構、多元與組合的創作觀念，使「古、今、中、外」等時空範疇、使「田園性」「都市性」的所有物體材質、使所有的藝術主義與流派——包括「具象」、「抽象」、「超現實」、「立體」、「硬邊」、「極簡」、「環境」、「裝置」……都充分的自由與多元多向的容納進來，透過「繪畫性」、「雕塑性」與「建築性」三種視覺功能，拼湊與組合成「燈屋」這件具體生活空間的造型藝術品。這件作品被戴維揚教授指稱爲「後現代多元共生的綜合藝術」，也有不少前衛畫家與藝術家，指稱它是標準的「後現代」裝置藝術。在此更值得一提的，是大道藝術館在建館開幕的首次展覽中，館長張永村（他是一位極具前衛意識與構想的著名藝術家）由他策劃製作，以攝影照片剪貼與構圖，展出「燈屋」詩的藝文空間作品，他並在展出說明中寫著：

「裝置藝術」於八十年代被引進台灣，九十年代大行其道，但是您有機會進入燈屋的話，您將發現——原來台灣裝置藝術的始祖就………原來最前衛的藝術比起燈屋均成了後衛………環保署的設立比起它還晚了四十年………環境藝術的第一殿堂就在這裡……。而燈屋的主人，藝能不亞於當下世上之任何一位大師。他，就是羅門。

由此可見，台灣還沒有談論「後現代主義」解構多元的藝術創作理念之前的十幾年，我已在「燈屋」這件近乎是「視覺詩」的藝術作品中，實踐了「後現代主義」的藝術創作觀念。

至於詩當然也可採用「解構與多元性」的創作理念來表現。像我在廿八年（一九七一年）前「藍星年刊」寫長達六千字的論文，提倡以電影鏡頭寫詩的觀念，讓影像與聲音（或參與文字）表現詩，解構獨以「文字」表現詩的一元性，成爲多元的演出。這種構想除增加詩表現的媒體與形式，也是在台灣最早提出錄影詩的構想（目前已有錄影書）；而這已顯有「後現代」解構、多元的創作理念與預想。同時像我十八年前寫的長詩「曠野」，將可獨立的一首詩，有機的組合在詩中，這也是採用後現代的拼湊（Collage）的創作理念；又如我十一年前（一九八八年）發表在「創世紀」七十七期詩刊上的「門」詩，更是採取後現代創作理念中慣用的「解構」與「連環套」的手法。本來門在習慣與封閉性的指稱中，只有木門、鐵門、鋁門或者旋轉門以及前門、後門……等。但在具有「解構」力與透視力的「詩眼」中，便有無數的「門」，被打開與多元的陳列出來。如詩中寫的「花朵把春天的門推開／炎陽把夏天的門推開。落葉把秋天的門推開／寒流把冬天的門推開（時間到處都是門）／鳥把天空的門推開／

泉水把山林的門推開／河流把曠野的門推開／大海把天地的門推開（空間到處都是門）／海出不去／被阻住……直至穿紅衣、黑衣聖袍的神父與牧師走來／要衆人將雙掌像兩扇門（又是門）／在胸前闔上／然後叫一聲阿門（又是門）／天堂的門與所有的門／便跟著都開了……」，像這樣在詩中所使用的「解構與多元性」創作理念，竟能把看不見的時間之門、空間之門、哲學家的腦門、詩人的心門、天地的大門與上帝的天堂之門……全都打開了，展現出詩中豐富寬廣與可觀的多景層世界。看來，後現代的「解構與多元性」思考理念，用在詩的創作中，也是大有可爲的。

在此，尚可提出另一個例證，譬如三十年前，根本沒有談什麼後現代創作上解構與拼湊的觀念。但創作上已有這種現象與情形，像我被UPLI國際組織譽爲近代偉大之作，獲菲總統金牌的〈麥堅利堡〉詩中寫的「神來過，敬仰來過，汽車與都市也來過／而斯密斯威廉斯你們是不來也不去了。」這段詩的前一句，顯然已在使用後現代的「解構」與「拼湊」的創作意念與手段，使「神」（永恆、正義、仁慈）、「敬仰」（人間的崇敬，抽象觀念）、「都市與汽車」（吃喝玩樂與俊男美女的遊客）都不相干的從四面八方的拼湊在一起，交纏在一起；越是「各說各話」，爭吵的聲音便越大；這一越來越大的「多元」的聲音，便無形中，在朝向思想新的一元性中，匯合成更強大的力量，對著由七萬戰亡美軍所建起的「偉大」與「永恆不朽」的價值，提出控訴與反彈，連上帝也難於面對的質疑；如果上述的那句詩中，解構後，「各說各話」後，便各自東西，最後沒有「無形」的「新」的一元性思想，予以統合，則不可能進入創作思想強有力的新的重力場，去產生對存在抨擊的爆發力；也不可能使創作生命有能力確實進入「前進中的永恆」之境。這就是說所有的藝術創造者，無論採取何樣的解構與多元的展，最後都應該無形中歸向「前進中的永恆」無限地超越的生命世界——這一潛在於「第三自然螺旋型世界」中的無形的「一元性」；否則都將成爲飄忽、離散的存在境況，甚至失落，像「煙火」燦爛一時，不能昇華成爲永久亮麗的「星空」。可見詩與藝術品不是用了便丟的消耗品，而是在「前進中的永恆」世界中，是一直很耐看耐用的；也由此可見我們在後現代的創作風潮與亂流中，不能「來貨照收」，應有所堅持，做冷靜與明確的抉擇，後現代提供正面好的便吸收，出現負面現象，便拒收。基於此，我在九十年代寫的「古典的悲情故事」、「長在後現代背後的一顆黑痣」、「世紀末病在都市裡」、「後現代A管道」以及「卡拉OK」與「觀念劇場」……等，含有後現代意識的詩，便也是在無形中凸現我個人有一己所堅持的創作理念。

從以上一連串對自我近半世紀創作世界的探求與自白過後，它留在整體的觀感中，我發現自己要做的詩人——一是做對「生命」與「藝術」進行雙重投資的詩人，(就同時重視詩的「主體性」與「本體性」的詩人)；一是做具有原創性與獨創性以及具有個人特殊風格的詩人；一是做對詩始終專誠、懷有宗教情懷、將生命全投給詩與藝術的詩人；至於究竟做到什麼程度，那應是由讀者與批評家去說的事，我只能坦誠地說我能說的。

近半世紀來，我不太在乎好的物質生活，後來我甚至爲了詩，而提前退休，放棄在民航局好的職業與待遇，希望將每一秒鐘都自由到詩的世界裡來，我這樣做，不少詩友確都說了一些肯定的話，尤其是兩位名詩人與批評家。

蕭蕭說：

爲什麼說羅門才是眞正的詩人呢？有三個原因：第一，近數年來，羅門退休後，除了寫詩與詩評，不事任何行業，生活優遊，其他詩人都是業餘寫作。第二，羅門心中只信仰詩，與詩有關的活動，他才樂於討論、參與。第三，羅門眞能從詩中得到快樂，他不牽掛任何事，全心投入詩的享受中，那樣著迷，無人可及。（見一九八二年六月廿四日台灣日報副刊）

杜十三說：

我們可以從羅門的「行動」去發現羅門——從四十九歲毅然辭去高薪民航職務，專心創作，至今已近廿年，卻無一日不在詩的崗位上思索、鑽研、工作，始終努力不懈的羅門，比起一些寫了幾年詩就停筆，成了名就停筆的詩人而言，確實有其値得敬佩與踵法之處。爲了把時間全部集中奉獻給自己的熱愛的詩創作，因爲他已然把詩當成自己生命的全部，詩是他所有的目的，而不是手段——這種宗教式的狂熱造使羅門的每一個細胞都有如純粹的「詩元素」，讓他在呼吸行止之間較諸任何人更能輕易的進入並且掌握詩的「靈視」，也更有能力從混亂錯綜的紅塵萬象中去提煉自己明亮剔透的詩心，幾乎任何來自第一、第二自然界中喜怒哀樂的各種情狀，羅門均能以其詩禪苦修後的高深身段，巧妙玄奇的將其折射、昇華，成爲「第三自然」中的豐匀血肉與澎湃的感動。（見一九九九年九月出版的藍星詩學第三期）

此外，菲華文壇寫小說也寫詩、譯詩與評詩的作家施約翰先生也說：

羅門爲藝術而藝術，已達到「富貴不能淫，貧賤不能移，威武不能屈」的大丈夫境界。詩人的風範，無以復加。（見菲華一九九九年四月一日聯合報副刊）

他們的話，於我半世紀來對詩的執著與專誠的投入，是的確給我帶來一些慶慰與回應。

的確在創作中，爲了強調詩的「主體性」，我一直將詩做爲解讀自我生命、人以及世界與宇宙存在的主要思想力量，我認爲詩人既然也是人，則他便也不能不去面對人存在於時空中的種種重大的生命主題，如在上文已說到的戰爭、死亡、都市文明、自我、大自然、宇宙時空、永恆……等，並對之有深入的思考、感受與認知，否則他便不可能是一個對生命有深入與強大思想的詩人，也不可能創造出震撼人類生命的偉大作品。由於我開始寫的第一首詩，已向人的內在生命探索，後來一直不斷追蹤人的存在，便也自然接觸到以上的生命存在主題，並分別寫了相關的詩作，出版了相關的系列詩選集，特別凸現詩的「主體性」，並將「主體性」的生命思想，導入具內化力、轉化力與拓展性的內心空間，同時在七十年代開始建構我詩美學的「第三自然螺旋型」創作世界，做爲我宣揚詩與藝術「主體性」、也強調詩與藝術「本體性」的雙向創作基地，並以此來探視詩與藝術以及人存在的終極價值、同時觀看現代後現代創作的動向，瞭望詩與藝術所展現的「前進中的永恆」的無限世界。

至於我的詩美學「第三自然螺旋型架構」創作理念，較大陸名學者公本的「第三自然界」（註三）提出的時間，早了好幾年，所談的也不盡相同，我不能自己說它有多好，但我可以客觀的說在華文新詩發展史上，它應是一個具有個人獨創性與新創性的詩創作理念，且印有我的標誌。現在來看一些知名人士的看法與說的話：

名批評家蔡源煌教授認爲：

> 羅門所要表現的，也就是他所謂的「第三自然」，第三自然的塑造，是以萬法唯心爲出發點，包括了超越、永恆的追求，乃至原始基型的援用（註四）。

名批評家孟樊在論文中說：

> ……值得一提的前輩評論家倒有四位：洛夫、羅門、顏元叔和葉維廉，前二者可視爲非學院派，後兩人則爲學院派人士。洛夫以倡導超現實主義理論而獨步詩壇（但晚期的詩學觀有不同程度的修正與轉變）；羅門獨特的詩美學論點「第三自然觀」與「都市詩說」則嘗試建立一龐大且完整自足的詩學體系，亦令

人側目……（註五）

名詩人兼評論家林燿德在論文中：

羅門，做爲一個具備現代思想與前衛創新傾向的重要詩人與詩論家，在五〇年代以降台灣詩壇形成一家之言，他的發展軌跡隨著自己的思想與詩風、以及整個文化環境的變遷而顯現出來。在多次有關潮流、技巧以及詩人內在生命本質的論爭中，羅門始終能夠提出獨到的見解，包括了創作的形式、與古典詩的關係、各種主義流派的反思，他的洞見維護了詩的純粹性，並且以不輟的創作親自證明了詩人毫不屈撓於現實的意志。

做爲「現代思想」象徵的「羅門思想」，亦即其「第三自然螺旋型架構」是進化史觀的、追求「行進中的永恆」的形上學架構的，而且也自有一套體大思愼的創作生命哲學。

「羅門思想」中的「第三自然螺旋架構」，對於後現代的批判與修正仍然具備以下嚴肅的意義：

㈠羅門能夠以一己營造的壯美思想體系面對時潮，提出具體的立場，這種胸襟和氣魄，在台灣詩壇陷入沉寂、被小說界奪去解釋權的八、九〇年代，無疑是令人振奮的。

㈡羅門講究立場，雖然也有模型理論的自我制約，但比起後現代主義玩家的閃爍其詞、飄忽不定，他篤定而誠懇的態度值得肯定，重建眞理的企圖則令人敬佩。

㈢後現代主義者譏笑現代主義是「刺蝟」，眼睛只能看到一個方向，他們又自比爲「狐狸」，可以同時注意不同的方位。不過眼觀八方的狐狸常常因爲咬不著刺蝟而餓死，就算咬著了也往往痛斃當場。後起的浪潮不見得必然高過前驅的浪鋒；能夠堅持自我理念的詩人羅門是永不過時。（註六）

兼爲藝術家的名詩人杜十三在論文中說：

羅門「三大自然美學」意指藉由大自然，人造自然和內造自然交感互溶而擴張生命質能的創作觀，也是羅門宏觀的詩美學架構……讀他的「詩」，是眞正進入「語言」的「寺廟」中去感悟另一個更神秘、更恢宏的「第三自然」眞世界，而不會只是停留在「第一自然」和「第二自然」的有限表象中徘徊、頓足——總之，從羅門的詩作中，我們發現了「羅門的發現」、「羅門的看」、「羅門的語言」的價值，也發現了一種可以提供別人發現他自己、發現美、發現生命的眞價值——這乃是一條祕徑、一把鑰匙、一種「靈視」的價值。（註七）

名文學評論家徐學教授在論文中說：

羅門從主體出發，他一貫認爲藝術家是有自我性的存在，不屈服於無所作爲的命定論和決定論，因此九〇年代來，詩中總有澎湃四射的光和熱，創立了獨特的壯美和陽剛的風格，也有著超前的敏感和預見。

也因爲高揚主體，他的詩作能不斷突破外在性的存在層面進入內在性的存在層面。爲了更好地探索與表現純粹生命本體的存在，他的詩作著重表現現代人的生活現場（突境）和悲劇命運，他剖析都市文明對人的侵擾和拘囿，訴說戰爭給人類造成的無奈與苦難，描述於孤寂渾茫時空中的生命存在……到了七十年代，他更提出著名的「第三自然」詩觀，他把大自然景象稱爲第一自然，將幾千年物質文明的成果稱爲第二自然，而將詩人與藝術家創造出來的藝術世界稱做第三自然。這種提法充滿自信與魄力，將心靈世界、自然世界、器物世界三足鼎立，正是對藝術創造主體及其精神結晶那種獨立自足，雄視百代本質的極度褒揚，也有力地推動著他在創作中掙脫第一自然的有限境界，而將心靈推展入第三自然無限的時空之中。

讀羅門的詩論，我的腦海裡會時時浮現中國現代史上兩位學者的身影，兩位在美學見解上與羅門有近似之處的學者。這裡我將他們的觀點與羅門的主體詩觀作一些比較，想來有助於我們進一步理解羅門詩論的價值和意義。

第一位是民國政府首任教育總長蔡元培，一九一七年，他任北大校長時，曾提出「以美育代宗教」的口號，並在《新青年》上發表了〈以美育代宗教〉一文，認爲唯有藝術教育能使國民超脫現象世界的利害關係和人我偏見，把人們從現象世界的必然引向主體世界之自由。這一思想貫串了蔡元培先生的一生，在他逝世前兩年，一九三八年，他在爲朋友著作作序時，還寫道：「余在二十年前，發表過『以美育代宗教』一種主張，本欲專著一書，證成此議；所預擬條目有五，……此五條目，時往來於余心，而人事牽制，歷二十年之久而尚未成書，眞是憾事。」可慶幸的是，在羅門的詩論中，有這樣的句子：「在一切都被人類懷疑與重新估價的現代世界中，我懷疑以一般人那近乎迷信的絕對信仰，能確實成爲上帝優秀的信徒；我深信只有進入詩人與藝術家所開發的『第三自然』，使一切存在與活動於完美的結構與形式中，方可能認明上帝（如果這個世界確有這樣一個具有完美實質的上帝）……我這樣說，很明顯的，是想重新確定詩人與藝術家在過去現在與未來永遠站立的位置及其工作重心——一個詩人與藝術家，當他喚醒萬物與一切潛在中的美的形象與內容，他便是人類內在世界的另一個造物主了，像上帝造天國一樣，他造了另一個內心的天國——那無限容納『美』的『第三自然』。」可以說，羅門這種論斷是呼應著世紀初子民先生的設想，並將之發揚光大了。

第二位是離我們更近的胡風先生，他認爲作家的「人格力量」（包括「敏銳的感受力」、「燃燒的熱情」與「深邃的思想力量」）是創作的源泉。他痛感中國傳統文化對個體生命慾望和主觀精神意志的節制、壓抑及摧殘，而大力推崇早期魯迅對「精神戰士」的呼喚和對「主觀意力」的重視。

值得高興的是，詩人羅門並沒有遭到胡風那般非人的折磨和厄運，他能不斷地運用其「內視力」與「轉化力」寫出許多沖破現實兩個鐵籠的詩篇，並能長久地保有一種詩人不可缺少的純眞和童趣。今天我們有機會在這裡討論他，也不禁爲中國當代文學感到慶幸——就在當代中國的土地上，將生命哲學引入藝術創作，強調藝術創作中主體對現實環境的超越意識與內在自由意識的創作流脈，畢竟也能綿延不絕，並結出了豐碩的果實。（註八）

名詩評家任洪淵教授在論文中說：

> 羅門在詩中尋找深度是非常根本的，基於這種思考，我發現羅門的深度無論做爲個體生命的深度或宇宙的深度，是定在那永遠不能抵達的終極點，不是已經達到的最後的終極點，所以羅門的深度從未定在一個終極點上，而是生命不斷進展向前推移的一種運動中的狀況，就是這一點，我在思考羅門的詩所達到無論是「第三自然」或「螺旋型架構」在不斷運動中變異與昇越的那種生命狀態……對羅門來說，人不是做爲文化的終極點出現，而是把文化當作新的創造起點。（註九）

此外，寫當代中國詩史兼寫詩評的古繼堂先生在論談中也說：

> 羅門的詩歌理論「第三自然螺旋型架構」，以第三自然就內心再現的無限的

自然爲核心，將第一自然（田園型）與第二自然（都市型）的一切存在深入第三自然，轉化成詩的創作世界，這一特殊的創作理念，也是被詩壇注意的觀點，在寫臺灣現代詩史，也是應該被提到的部份。

談到這裡，想起我赴臺灣造訪羅門蓉子的「燈屋」，便更具體與更深入的了解羅門的「第三自然螺旋型世界」是如何從外在「第一自然」與「第二自然」的景況轉化入內心第三自然去呈現整個存在、運作與發展的具體景況與過程，而體認至羅門詩的創作精神世界，它之所以創造出這樣的深度與高度的水準，是因爲他不像一般詩人只是靠一些靈感與一些詩句，而是靠他內在第三自然世界至爲深入的思維與心靈的感知與覺識，這些並可從他「燈屋」的藝術理念與情境中領悟與體認得到。（註一〇）

從以上多位知名人士對我特別重視詩「主體性」的「第三自然螺旋型架構」創作理念，所說的話與所做的簡要評語，對我來說，應是在漫長的創作心路歷程上一種激勵與慶慰，也由衷的感激他們。

在談過「第三自然螺旋型架構」創作世界與其所特別重視詩的「主體性」之後，接下來是同詩「主體性」一樣重要的「本體性」，它倆本就是我創作世界的雙目與雙軌，共同掌握詩創作世界的能見度與前進的動向。

半世紀來，在創作中我的確也同樣的特別看重詩的「本體性」，除上文所談到的部份——關於做爲「本體性」的主要基層：詩語言藝術表現與運作機能之追索以及詩質的如何提昇與強化……等，接著我想在整體的觀感上，多做一些說明。

從最早的〈加力布露斯〉、〈小提琴的四根弦〉、〈美的V型〉到〈流浪人〉、〈窗〉、〈晨起〉、〈鞋〉、〈野馬〉到〈傘〉到〈天地線是宇宙最後的一根弦〉到〈全人類都在流浪〉……等短詩所不斷探索的生命情境與詩境；從〈第九日的底流〉到〈死亡之塔〉等長詩對時空與死亡的沉思默想；從〈麥堅利堡〉到〈板門店38度線〉至〈火車牌手錶的幻影〉到〈時空奏鳴曲〉……等長詩以及〈TRON的斷腿〉、〈月思〉、〈茶意〉、〈歲月的琴聲〉與〈世界性的政治遊戲〉……等短詩，都是一連串對戰爭帶來沈痛的悲劇與生存的困境，予以指控與抨擊；從〈都市之死〉到〈都市的落幕式〉、〈都市的旋律〉、〈都市要往那裡去〉、〈都市的五角亭〉到〈咖啡廳〉、〈車禍〉、〈摩托車〉、〈迷你裙〉、、〈女性鏡頭拍攝系列〉至〈都市方形的存在〉、〈玻璃大廈的異化〉、〈麥當勞午餐時間〉到後來介入後現代狀況所寫的一連串詩作如〈卡拉OK〉、〈上帝開的心臟病醫院〉、〈長在後現代背後的一顆黑痣〉、〈世紀末病在都市裡〉、〈後現代A管道〉、〈古典的悲情故事〉、〈觀念劇場〉……等詩，對都市文明這一存在的重大主題不斷進行追蹤與批判；從〈山〉、〈河〉到〈觀海〉到〈曠野〉到〈大峽谷奏鳴曲〉等詩，對大自然這一存在的重大主題，所做不同面相的描述與影射並內化成爲生命的觀照；我都一直在詩的「本體性」所要求的藝術表現上，持有一己的策略與方法，那就是讓賦比興與所有已存在的各種流派主義的機能，都在創作中自由與機動的被運用，不使自己陷入任何單一主義的技巧表現框架中，以有助於詩思在不同的情況下推展。我這樣做，批評界有那些相關的回應呢？

●一九八一年，中國時報文化出版公司企劃出版二十本書，在「出版書報上」評介到我的《曠野》詩集時說：

《曠野》是羅門的第五本詩集，是此位現代主義的急先鋒，在寫詩三十年之後的重新出發。

羅門詩作的最大特色，在於他豐富的意象、新鮮的感性和充分的現代感。他能融合現代畫的構圖、現代電影的蒙太奇及現代小說的意識流，交織成萬花筒般魔幻的世界。他用「曠野」象徵現代精神生活的荒涼，但也暗示了它的遼闊和無限的可能性，比諸艾略特的《荒原》，有異曲同工之妙。如果在今天要找一個最能表現都市文化的詩人，羅門無疑是個中的代表。

●一九八八年，我獲得中國時報推薦詩獎的獲獎評語：

羅門可以說是台灣都市詩的「開山祖」，八〇年代都市詩派的崛起與他不無關係。他的詩具有具象與抽象的雙重性（擅寫共相、喜用譬喻），以語言的運作使意象呈現出來，累積了現代派以來的技巧，頗富象徵性與超現實性。

在現代主義詩風（尤其在超寫實）日趨沒落之際，他的表現卻突出了後現代的契機，所有的誇張與冗長語法，以及藝術的堅持，卻成爲他多年來爲自己今天鋪路的努力與成就。（見一九八八年十月十一日中國時報副刊）

除此，決審委員名評論家林亨泰先生也特別說：

羅門的詩最拿手的是藉著發語的姿態與速度，讓意象逐漸地展現，它只是似乎意味著什麼，但並沒有所指涉的對象，在他的詩中，意象是可以隨著語言的脈絡而改變的，不斷地意象在語意中出現，然後又回到語意中去。中國的文字是表意的文字，羅門的詩，恰能掌握到中國文字的特性而藉著表意文字之便，來展現他的意象。爲了要提高詩的效果，當然是可以用語言的誇示、排比、重組、換位等技法，羅門對於這些技法的運用是非常純熟，可以說達到登峰造極而形成他作品的特色。

●名評論家鄭明娳教授在論文〈新詩一甲子〉中說：

羅門是都市詩及戰爭詩巨擘，也是至八〇年代以來，台灣最具思想家氣質的前衛詩人。他深受到西方各種現代主義思潮以及當代前衛藝術的影響，另一方面也掌握了東方人本主義文化的圓融與和平。他的詩語言以犀利、精確見稱，意象驚人，詩思包容的層面既廣且深，是中國知性詩派的代表性人物；一再向現代人處身現代文明而產生的繁複心理活動，進行深沉的探索。他採取的表現手法縱跨寫實白描、象徵、超現實、魔幻寫實。透過了精密的思惟和組織，使得他超越六〇年代超現實主義潮流下產生的反理性、無秩序的病態詩風，呈露出一種意象繁複繽紛而意旨不失直接有力的面貌。羅門主張現代詩在表現技巧及內涵上都應有多向性，他試圖透過都市文明、戰爭、死亡，以及各種生存情境來追蹤人的存在，也認爲現代詩人應不斷尋求語言新的可能性，注意現代詩新語言空間環境的擴建與藝術設造。羅門爲當代批評家譽爲具有「靈視」的詩人；八〇年代「掌握都市精神的一代」崛起，受到羅門很大的啓迪。

（見《自立晚報》一九八六年六月十四日副刊）

●名評論家陳仲義在〈論羅門的詩歌藝術〉一文中，以㈠靈視：智性的燭照與悟性的穿透；㈡想像：「不合法的配偶與離異」與㈢顛倒：常態秩序的倒置等三個方向來談論與分析我詩的藝術表現時說：

讀完《羅門詩選》，有一種異樣感覺：詩人的想像，穿越時空的能力，智性深度、靈視，乃至悟性都在一般詩人之上……

羅門擁有自己的特技。他的靈視、想像力、詭譎的意象，以及近乎「隨心所欲」的錯位倒置手法，把現代詩推向更富於表現性的廣闊天地，他的持久不衰的才情，連續的爆發力和後勁，與洛夫、余光中堪稱臺灣詩壇上三大鼎足。（見北京一九九五年出版的《詩探索》雜誌第二輯）

從以上四個抽樣的例舉中，可見我對詩「本體性」所提出自由與機動的「多向性

（NDB）」藝術表現與所做的努力，是獲得了批評界有關的具體回應，在我創作整個歷程中，也多少感到一些慶慰。

接下來要談的第三部份，是我一直堅持要做具有原創力與具有自我獨特風格的詩人。這種意圖，可從我在愛荷華大學國際作家工作室，有一位外國作家問我從那裡來？我半帶幽默回答他的話，可想見，我說：「我從臺灣來、從大陸來、從美國、英國、德國、法國來、從地球來、從人來、從詩與藝術來、從我自己那裡來。」他聽了哈哈大笑，的確做爲一個眞正的詩人與藝術家，他必須有自己獨特的創作風格，有獨特的能力，能將一切，包括古、今、中、外等時空範疇、存在的事物景象以及各種藝術主義流派，都當做材料，送入自己獨特的內心創作焚化爐，去焚出一己作品獨特的生命光芒，也唯有如此，方能成爲創作者。這樣看來，我意圖與堅持做一個具有自己獨特風格與原創力的詩人，顯然是必要與當然的事，至於經過近半世紀回過頭來看整個創作歷程，是否達到了這樣的願望呢？還是讓別人來說：

●菲華文藝界領導人、名翻譯家與文學評論作家施穎洲先生，在菲華一九八八年一月十六日聯合日報《隨思錄》專欄中說：

羅門與余光中同爲藍星詩社領袖，二十多年來同爲詩運努力。余光中是集大成的詩人，他的詩收入古今中外名詩的精華；羅門則是開一代風氣的詩人，他的詩有現代的內容，創造現代的形式…………，在現代詩佔有中國詩壇的今日，羅門可以稱爲「現代詩先生」。羅門已經成爲新詩的一代宗師，讀者一讀他的詩，就會感覺：「這是羅門！」正如人們看到戈庚的現代畫就知道是戈庚的畫。

●詩人兼詩評家陳慧樺教授早在一九七一年《藍星年刊》發表的論文〈論羅門的技巧〉中就認爲：

讀羅門的詩，常常會被他繽紛的意象，以及那種深沉的披蓋力量所懾罩住……，不管在文字上、意象的構成上等等，羅門的詩，都是最具有個性的。他的詩，是一種龐沛的震撼人的力量，時時爲「美」工作，是一種新的形而上詩……。

●菲華詩壇兼《萬象詩刊》主編的名詩人和權在文史哲出版社一九九一年版的《門羅天下》論文集，他所寫的論文中說：

盛傳羅門先生豪放不拘，文采華美，是臺灣少數具有靈視的「重量級」詩人，也是一位飲譽國際文壇的中國現代詩人。《羅門詩選》，愈讀愈有味，深覺得羅門先生感情眞摯而眼光銳利，意象繁富語言亮麗，幾乎篇篇皆有強大的撞擊力。羅門在中國現代詩壇，無疑是風雲人物。他創造了自己獨特的聲音，完成的每篇作品都有超卓的表現，而種種活潑的意象，被他大量地使用著，他的詩有澎湃激越的情緒，也有平穩的情感，不但引起海內外眾多讀者內心的共鳴，也使萬千讀者在細細品讀他的詩作之過程中，產生快感與美感，同時獲得啓示。

抽樣列舉出他們三位所做的評言，或許可印證我半世紀來，確是在建構自己個人獨特的創作風格。

在經過以上長篇告白式坦談「我與詩」之後；在經過近半世紀同女詩人蓉子在「燈屋」專誠的將生命奉獻給詩與藝術，走過一段漫長且堅苦的詩路之後，此刻內心還有那些相關與感懷的話，要在文章結束前來說呢？

那的確是難忘的一九九五年，爲紀念我同蓉子結婚四十年，也是創作四十餘年，臺灣文史哲出版社（耗資百萬新臺幣）與大陸中國社會科學出版社，都分別出我們的創作系列書（臺灣出十二冊、大陸出八冊共二十冊）。同時臺灣與大陸北京都分別舉辦我們出書發表會，參與人士都大多是海內外知名的詩人、學者教授與評論家，並分別在臺海兩地出版發表會紀念論文集，這應是我與蓉子共同創作近半世紀來，值得慶慰的一份珍貴的厚禮。尤其是北京大學破例首屆舉辦這樣個別作家的大型文學研討會，並協合清華大學中文系、海南大學、中國藝術研究院中國文化研究所、中國社會科學出版社、海南日報社與《詩探索》編輯部等五個學術文化團體來共同舉辦，更是使我們內心感到榮幸。且容我將兩位北大博士研究生陳旭光與譚五昌於全程觀察整個研討會過程，在北京出版的一九九六年第一期《詩探索》所寫的深入報導其中重要的部份，來做爲我與蓉子創作近半世紀所留下一個充滿了激勵與溫情的回音——

在會議進入羅門、蓉子「詩國伉儷」詩歌創作藝術研討的進程之後，與會人員針對羅門、蓉子詩歌創作的思想內容、藝術追求、主體精神、美學風範等方面進行了廣泛、深入而充份的探討與交流。與會學者一致認爲，羅門先生的詩歌創作題材寬廣、視界宏闊，在文明、戰爭、都市和自然四大主題中不斷開拓新的藝術境界。他的詩歌具有嶄新的現代精神與銳意的前衛意識。同時，羅門先生又具有極爲開放的藝術胸襟，他既對古典文化傳統進行借鑑與熔鑄，吸取其精華，又廣泛接納吸收現代主義乃至後現代主義詩歌與藝術的合理成分。他的詩歌主題深刻、奇思精驚、「外冷內熱」、幽峭迷人，具有極高的思想認識價值和藝術審美價值。關於蓉子女士的詩歌，大家一致高度評價了蓉子對於眞、善、美的執著追求，贊揚她作品中親近自然、熱愛生活的美好情愫，她以心的透明、愛的純眞品味的優雅，融貫東方古典式的朦朧美和西方宗教人道、博愛精神的深沉厚重，創造了深邃動人的藝術境界。她的詩歌還表達了自強自尊的女性意識，凸現了現代東方女性的獨立人格，風格含蓄溫婉、清新典雅、優美動人。

與會人員還把羅門、蓉子的詩歌創作定格在大陸詩歌創作現狀、當今商業主義和科學主義盛行的、趨於「後現代」、「後工業」的社會文化語境中，進行考察與探討。高度評價了羅門、蓉子對藝術執著不懈的追求和獻身藝術的精神。他們對現代都市文明的既直面現實又進行批判性反思，對戰爭的超越於簡單道德價值評判的形而上思考，對人類心靈世界和精神價值之永恆性意義的執著追問，對東西方文明、古典傳統與現代精神之融匯和實施「創造性轉化」的追求……均對大陸詩歌界有著深刻啓示和參照意義，且在倡導人文理性、反思工具理性、呼喚人類對永恆性精神價值的尊重和創造等時代主題方面更有著發人深省的意義。

最後，我必須說的，如果近半世紀來，我將整個生命對詩與藝術所做的努力，有任何成就，首先必須感激兩個人，一個是女詩人蓉子，她在「燈屋」與詩中，同我渡過近半個世紀，一直給我無憂無慮的創作環境；一個便是我心靈的老管家——樂聖貝多芬，從我幼年開始，他便將「美」與「力」——世上兩樣最珍貴的心靈禮物賜給我，半世紀來，這兩樣禮物，一直是建構我詩生命強大的支柱與主力，幫助我衝破與穿越現代、後現代的生存時空環境，而感知到世界與一切仍朝向「美」的頂峯昇越，並連接住「前進中的永恆」境域，讓我看見千波萬浪、千變萬化的海之外的海，也看見天地線是宇宙最後的一根弦，在詩裡彈出存在的沒有聲音的強大回響。

當然，在此也必須特別感謝文史哲出版社彭正雄先生，在出版事業不景氣，非常艱困的情形下，相連出版我與蓉子有關的書廿餘冊之後，又出版這本厚書，他對文化所做的奉獻與懇誠的付出，的確令人感佩，他在出版界已建立起確具有文化人素養與風骨的出版家形象。再就是周偉民與唐玲玲教授伉儷，這些年來他爲我們寫論文專書，幫忙我們在大陸出創作系列書，又爲我們在大陸全程推動兩個具規模有學術水準也獲得好評的文學創作研討會，的確他倆為我們付出的心力，對我們的激勵與盛情盛意，是令我們畢生難於忘懷的。至於曾對我關注給予我批評指教與鼓勵的所有批評家與讀者，也在此由衷的表以謝意。（一九九九年十月卅日）

【附註】

註　一　詳見本書附錄的「第三自然螺旋形架構的創作理念」。

註　二　NDB（NONE DIRECTION BEACON）是我在美國航空中心研習期間，看見的一種導航儀器，叫做「多向歸航台（NDB）」，飛機可在看得見、看不見的狀況下，從各種方向，準確地飛向機場。這情形，頗似詩人與藝術家以廣體的心靈與各種媒體以及高度的技術，將世界從各種方向，導入存在的眞位與核心，這便無形中形成我創作上「多向性」的詩觀。

註　三　見藍星季刊（九歌版24期一九九〇年七月）「談我的第三自然與公本的第三自然界」。

註　四　見《門羅天下》論文集，（蔡源煌、張漢良、鄭明娳教授與詩人評論家林燿德等著，文史哲出版社出版，一九九一年）。

註　五　見《新詩批評》論文集（孟樊著，正中書局，一九九三年出版）。

註　六　見《羅門蓉子文學世界學術研討會論文集》（周偉民、唐玲玲教授合編，文史哲出版社，一九九四年）。

註　七　見《藍星詩學》第二期，一九九九年六月出版。

註　八　見《藍星詩學》第三期，一九九九年九月出版。

註　九　見《從詩中走過來——論羅門蓉子》論文集，（謝冕教授等著，文史哲出版社，一九九七年出版）。

註一〇　見《從詩中走過來——論羅門蓉子》論文集，（謝冕教授等著，文史哲出版社，一九九七年出版）。

窗

猛力一推　雙手如流
總是千山萬水
總是回不來的眼睛

遙望裏
你被望成千翼之鳥
棄天空而去　你已不在翅膀上
聆聽裏
你被聽成千孔之笛
音道深如望向往昔的凝目

猛力一推　竟被反鎖在走不出去
的透明裏

一九七二年

詩的歲月

——給蓉子

要是青鳥不來
春日照耀的林野
　如何飛入明麗的四月

踩一路的繽紛與燦爛
要不是六月在燃燒中
　已焚化成那隻火鳳凰

夏日怎會一張翅
　便紅遍了兩山的楓樹
把輝煌全美給秋日

那隻天鵝在入暮的靜野上
　留下最後的一朵潔白
　　去點亮溫馨的冬日
　　　隨便抓一把雪
　　　　一把銀髮
　　　　　一把相視的目光
都是流回四月的河水
都是寄回四月的詩

一九八三年

後記：隨著鳴響在妳童時記憶中的鐘聲，在民國四十四年四月十日星期四下午四時，我們一同走過教堂的紅毯；踏著燈屋裏的燈光，走進詩的漫長歲月，我心底要向你說都在這首詩中。

小提琴的四根弦

童時，你的眼睛似蔚藍的天空，
長大後，你的眼睛如一座花園，
到了中年，你的眼睛似海洋多風浪，
晚年來時，你的眼睛成了寂寞的家，
沉寂如深夜落幕後的劇場。

一九五四年

鑽石的冬日

冬日！
人類夏日得來的急躁同深秋感染上的憂鬱病是好轉了，
而在你深綠色空靜的冷林中，
詩神常帶著他機敏可愛的獵狗。

經過保險的鑽石的冬日——靈魂的無波港，
生命的海，呈現在你面前，沉靜而均衡，
情感突出的懸崖全倒了，
在你陽光的溫鄉，自由新生的歡望如飛鳥成群。

一九五七年

光 穿著黑色的睡衣

紫羅蘭色的圓燈罩下　　光流著
藍玉的圓空下　　光流著
邱吉爾的圓禮帽下　　光流著
唯有少女們旋動的花圓裙下
那塊春日獵場　　光是跳著的
而在圓形的墳蓋下　　連作為天堂支柱的牧師
也終日抱怨光穿著黑色的睡衣

一九五八年

睡著的白髮老者

雪峯上
獨有時間老人的杖聲
　　沿著峯下古老的冰河
一切皆已沉墜
再也聽不到年輕獵人的槍聲了
在名片與薪水袋裏逃亡
他已摸及那扇門　於靜與靜的默視之中
死亡在試演一次假戲
陰冷的台面上　已無可抓的景物
除了上古的蠻荒
　以及原始的空曠

神啊　當鍋爐冷了　風停葉已落盡
人的詮譯　只是一隻謙和的手
在胸前所迅速顯示的一個符號？

一九五八年

隱形的椅子

全人類都在找那張椅子，它一直吊在空中
周圍堆滿了被擊瞎的眼睛與停了的破鐘

落葉是被風坐去的那張椅子
流水是被荒野坐去的那張椅子
鳥與雲是放在天空裏
很遠的那張椅子
十字架與銅像是放在天空裏
更遠的那張椅子
較近的那張椅子
是你的影子
他的影子
我的影子
大家的影子

禮拜堂內外

禮拜日
人們愛擠進禮拜堂去量到天國的路
而迷你裙短得只要一兩步路便到了

迷你裙短得像一朵火花
一閃　整條街便燒了起來
行人發呆成風中的樹
而打對街過來的柯神父
誰知道祂雙目提著兩桶水
　還是兩桶汽油

一九七〇年

流浪人

被海的遼闊整得好累的一條船在港裏
他用燈栓自己的影子在咖啡桌的旁邊
那是他隨身帶的一條動物
除了它　娜娜近得比甚麼都遠

椅子與他坐成它與椅子
坐到長短針指出酒是一條路
　空酒瓶是一座荒島

他向樓梯取回鞋聲
　帶著隨身帶的那條動物
讓整條街只在他的腳下走著
一顆星也在很遠很遠裏
　帶著天空在走

明天　當第一扇百葉窗
　　將太陽拉成一把梯子
他不知往上走　還是往下走

鞋

樓梯口的那雙鞋
竟是天窗裏的一朵雲
山遙水遠　雲非樹
水遠山遙　雲非雲
雲只是那條
永
不
能
定
名
的
路
鞋也是
遠方也是
天空裏的那片落葉也是

一九七二年

旅美途中

打開機窗
太陽一大早亮燈開業
就是什麼也不賣
從雲山雲海來的　是迢遙
空著手回去的　是茫茫

空成這種樣子
除了原始　問誰呢
問到沒有思想也是思想時
整個天空終止成一個句點
世界無內也無外
進不來也出不去

機窗關上
滿艙睡著的頭
忽然都變成大大小小的ＣＡＮ
機輪落地前
最先在空中接機的
總是高高站在建築中的
商業大樓

一九九七年

註：四月與六月間，兩度赴美開會，在太平洋高空經過換日線，機內是夜，機外是晝；世界是睡是醒，是有是無，而世紀末與後現代有形無形的指標，都已直指著「買賣」的世界。（詩中的ＣＡＮ字，是罐頭。）

全人類都在流浪

人在火車裡走
火車在地球裡走
地球在太空裡走
太空在茫茫裡走
誰都下不了車
印在名片上的地址
　　　全是錯的

一九九八年

世界性的政治遊戲

「他」用左眼擊打他的右眼
　　出淚
他用右眼擊打「他」的左眼
　　出淚
「他」用左心房擊打他的右心房
　　出血
他用右心房擊打「他」的左心房
　　出血
於是無數的「他」與他
　　左右眼都流淚
　　左右心房都流血
結果「他」與他
　　同是一個人

一九八九年

彈片·TRON的斷腿

一張飛來的明信片
叫十二歲的TRON沿著高入雲的石級走
而神父步紅氈
　子彈跑直線

如果那是滑過湖面的一片雲
　也會把TRON的臉滑出一種笑來
如果那是從綠野飛來的一隻翅膀
　也正好飛入TRON鳥般的年齡

而當鞦韆昇起時　一邊繩子斷了
整座藍天斜入太陽的背面
旋轉不成蹓冰場與芭蕾舞臺的遠方
便唱盤般磨在那枝斷針下

一九六五年

註：TRON是被越戰彈片擊斷一隻腿的越南小女孩（見五十四年十二月份的生活週刊）

車禍

他走著　雙手翻找著天空
他走著　嘴邊仍吱唔著砲彈的餘音
他走著　斜在身子的外邊
他走著　走進一聲急煞車裏去

他不走了　路反過來走他
他不走了　城裏那尾好看的週末仍在走
他不走了　高架廣告牌
將整座天空停在那裏

窗開　窗關

砲口開著一排窗
窗的前面很靜
尤其是在那些窗
　開了又關上之後

神父禱告時的嘴也開著一排窗
　窗的前面更靜
尤其是在那些窗
　關了又打開的時候

漂水花

我們蹲下來
天空與山也蹲下來
看我們用石片
　對準海平面
削去半個世紀
一座五十層高的歲月
　倒在遠去的炮聲裏
　　沉下去

六歲的童年
跳著水花來
找到我們
不停的說

石片是鳥翅
　不是彈片
要把海與我們
　都飛起來
一路飛回去

一九八四年

月思

深夜
月亮把一塊光
縫貼在地毯上
母親仍為我過年的新衣
　在老家的燈下
趕縫著最後的一個口袋

我走近窗前
身上那個口袋
竟就是那塊月光
手摸袋裏的壓歲錢
才發覺那枚發亮的銀圓

是千里外的月
母親　我如何去拿呢
妳的手在那麼多舉起的槍枝中
永遠的縮了回去
妳走後　誰也沒有告訴我
妳的臉與妳給我壓歲的銀圓
仍一直寄存在月裏

一九八一年

註：離家三十多年，只知道母親在家鄉去世了，但不知道她是在那一陣槍聲中離去的。

茶意

「茶！你靠鄉愁最近」

下午太陽無力地
斜靠著天
疲累的頭一個個
垂倒在椅背上
夕照與目光一同沉向
微暗的水平線
整個視野靜入那杯茶中
歲月睡在裏邊
血淚睡在裏邊
心也睡在裏邊
煙從嘴裏抽出一把劍
無意中刺傷了遠方

一聲驚叫
沉在杯底的茶葉全都醒成彈片
如果那是片片花開　春該回
　　家園也該在
而沉不下去的那一葉
　　竟是滴血的秋海棠
在夢裏也要帶著河回去

一九七五年

歲月的琴聲

——聽名胡琴家黃安源演奏有感

你的弓
動開來
是頭也不回地流去的
　長江與黃河
你胡琴上的兩根弦
是河的兩岸
也是歲月的雙軌
　運不完的憂患與苦憶

每一拉
都可看到土地與同胞身上
　劃過的刀痕與彈痕
每一頓挫
都是千慨萬嘆

快弓　急來兵荒馬亂
慢弓　痛苦都感到累了

將血與山色
淚與江水
拉在一起

春天如何戴花回江南
冬日如何披雪回江北
歲月是哭是笑
琴聲也說不清
而文化仍以輝煌
山河仍以錦繡
直等著回音

臺上　琴聲淌淚叫著家
臺下　黑髮望白髮

一九八七年五月

附記：聽黃安源先生表演其中的某些樂曲，覺得他的弓，一直不放的壓在中國人苦難的心靈、歲月與土地上。

一座走動的大自然

——給詩人公劉

你是一座走動的大自然
曾走過轟炸機加蓋的天空
　彈片落葉鋪滿的路
　　停下來的　是死亡
　　走下去的　是血淚
從前後左右亂殺的刀槍裡
　　　　你逃出來
像一次又一次無辜
　被電擊雷打的天空
過後　仍然風和日暖

給原來看

叫歲月
從你雲遊的長鬍與步履中
去找出刀槍的血路與行跡
何苦呢
倒不如去問
那座沉重的山
是如何苦苦走進大理石的紋路
那座風浪的海
是如何苦苦老入蒼然的岩層

任紛亂的言詞
槍林來
彈雨去
歪了歲月的嘴
把世界胡説成

哈哈鏡
面目全非
而你仍天藍地綠
天高地遠
直成大漠的孤煙
圓成長河的落日

看累了不同的印章與規章
在一張紙上印來印去
你的腳印仍一直印在那張
古樸絢麗的風景上
給山看
給水看

你是一座走動的大自然
都市的五顏六色
理容院的假臉

櫥窗裡的假人
廣告牌上的假像
計算機上的假心
你能説的也只是一身的
率真與質樸
當整座城
從大街小巷
衝上高速公路
追著明天跑
碰上塞車與連環車禍過後
便是警車救火車救護車
急著把人與路救出來
叫文明坐在油污與殘骸中
垂頭喪氣
而你仰看 是青天

俯首　是碧野
雙腳早就交給江河
如果走山水的路
還不夠自由開闊
便只能追著風
　到鳥道
　雲路
去找你了
再找不到
還有詩

後記：我寫此詩，的確是詩人公劉做爲一個詩人眞摯的生命形象感動了我，他是一個具有人道精神、世界觀、透視力的智慧型的詩人，能穿越苦難的年代與物質文明的世界，進入大自然與宇宙原本的生命結構，去找到眞正的「人」。此外，從他的身上可嗅到中國文人與人文歷史那股濃重的苦澀感。

看世界足球賽

——給阿根廷世界球王曼拉杜那

全世界的電視
　　都在看他
他帶著球跑
地球與千萬隻眼球
　　　　也跟著跑
他把球停下來
世界也停下來

踢一個高球
阿根庭的天空便一直藍上去
踢一個遠球

阿根庭的原野便一路綠過來
踢一個彎球
山與天空便沿著弧形跑
踢一個短球
將世界拉近
直衝過去
他是黃河之水天上來
擋不住的一條急流
隨波逐浪
追住那顆美的落日
入門

其實　曼拉杜那
他的腳也是神來之筆
在眾目中寫著一行行
空前的絕句

一九八八年

觀舞記

——看保羅泰勒現代舞

你們一轉　地球跟著去
你們一停　鐘錶都不走

那些採星採月的手
在空中不動　都成了鋼架
那些踩花踩浪的腳
　大步大步跨過去
下面是千山萬水
就不能不飛了

鳥飛著你們去

雲飄著你們來
河在你們身上流動
海在你們身上波動
天空在你們身上旋動
光波在你們身上跳動
你們換位來日月
　穿插來花蝶
　擴散為霧
　凝聚成山
幕落時　一朵朵不凋的讚美
　在不斷的掌聲中盛開
直喊你們是杜菲筆下的線條
　亨利摩爾刀下的石雕
　杜步西眼中的音樂

一九七九年

文化空間系列

一、三座名山

自從大自然的山水
　　交給大廈的盆景收養
人們一早打開鋁窗
悠然見不到「南山」
　　　　便趕往證券行
　　　　　　爭先恐後
　　　　搶著看「金山」
一回首
　　　　「長白山」
背後是跟著槍聲過來的

二、「雪」與「魚」的對話

故宮坐在外雙溪（註）
　獨釣寒江雪
一大群人湧進海鮮店
大叫一魚三吃
管它長河落日圓不圓
魚鍋早就圓在火上
當文化被筷子速寫成消化
空靈便跟著乾後的酒杯
　　　　倒轉過來
　　　　成為靈空
那裏來的無聲勝有聲
在猜拳的大吼大叫中
那裏來的空谷之音
在1號唏哩嘩啦的
　抽水馬桶聲裏

一九九〇年七月

註：「長白山」多強盜與土匪。「外雙溪」故宮所在地。

歲月一直是這樣變調的

一

一輛載著富貴榮華的賓士
　從等公車人們的眼前
　　閃亮而過

一輛慢得不能再慢的輪椅車
　在兩手推著愛心的雙軌上
　　慢行
　　心臟脈博與鐘錶
　　　在呼吸停止前
　　　　比慢

二

A加護病房
A董事長躺在病床上
抓住吸管最後同生命
　　通話的管道

會計師説他的存款
　已可買下這座城
對街銀行的招牌
也排到窗口來看他
説他是最後等著繳的
　一張税單

B加護病房
B將軍臥在病床上
把衣架上的一排排勳章

看成登山的石級
衝上去是山頂
喘息下來的　是葡萄糖點滴
斷斷續續劃著
那條到永恆的
虛線

幾何圖形　五角大廈

(一)圓形

天空是圓的
地球是圓的
眼球也是圓的
圓來圓去
　都圓進了銀圓

(二)方形

走動　是棋盤
定靜　是盤石
所謂直來直往
　堂堂正正
就不必說了

㈢長方形

活著　是名片一張
一路亮相
死後　是棺材一具
一片陰暗
看來　就那麼簡單

㈣三角形

捲筒冰淇淋
滑落在甜水中
不成樣子
登峯造極的形狀
便只好讓山峯與金字塔
站在自己的頂點上
來說了

㈤螺旋形

把圓形方形長方形三角形
　都放在眼睛裡
交給畢卡索360度旋轉的視點
隨著旋轉的鐘面　不停的轉
　轉成一個螺旋塔
一個美麗的形而上
一座前進中的永恆

對號入座

(1)

他在山頂　釣寒江雪
他在山腰　釣寒江魚
他在山腳　帶卡找蜀魚館

(2)

真珠　將豪華宴會的鑽石燈點亮
假珠　沿著鬧市叫賣的地攤亮相
玻璃瓶　在一聲爽中　碎成滿地閃爍

(3)

星空　燦爛在高不可及的光芒裡
噴水池　亮麗到一定位置便下來

煙火　在搶眼的光速裡死去

(4)

他的腳印　蓋在全世界的風景裡
他的腳印　只蓋這小部份的風景
他的腳印　只蓋那更小部份的風景

(5)

他在天空裡　看鳥
他在鳥店裡　找鳥
他在鳥籠裡　抓鳥

(6)

他把地球　看成畫布
他把地球　看成地圖
他把地球　看成地皮

(7)

他是沒有圓周的圓
他只是圓裡的面
他只是面裡的點

附記：眞正的詩人與藝術家，可拿到「上帝」的通行證與信用卡；可將人類帶進大自然的生命結構，重新溫習風與鳥的自由；詩與藝術若失去超越中的形而上精神，就會受到框限而不能進入**N**度更廣闊且無限的活動空間去作業。

晨　起

站在清晨的樓頂上
一呼吸
花紅葉綠
天藍山青
一遠看
腳已踩在雲上
一張開雙手
天空與胸便疊在一起
反而較翅膀輕了
此刻要是不飛
鳥那裏來的樣子
遠方怎能用手去摸

一九八一年

窗的世界

窗是大自然的畫框
　也是飛在風景中的鳥

窗在田園　自動裝上遠距離廣角鏡頭
窗在都市　越來越近視
窗在遠方　鳥飛出翅膀
窗舒暢快活時　千山萬水不回首
窗被關發怒時　砲彈洞穿過層層厚牆
窗孤獨無聊時　一面擦亮寂寞的鏡子
窗闔目沈靜時　一口深山裏的古井
　　　　　　附近有人在打坐

先看為快

黎明用一塊發亮的
　玻璃窗
　圈住我

周圍的黑暗
站在旁邊看
不一會
光衝進來
將我叫出窗外

太陽剛起床
其他的床仍在睡
　愛在睡
　情在睡

都市在睡
世界在睡
尚未啓用的天空
是一幅不沾筆墨的禪畫
太陽蓋下第一個圓印
叫我先看為快

一九九一年一月

車上

車急馳
打開的車窗　是白色琴鍵
關上的車窗　是黑色琴鍵
車急馳
張開的眼睛　是風景
閉上的眼睛　是往事
一回首　車已離地而去
　　　　身在雲裏
　　　　夢在雲外

凝望溶入山水
山水化為煙雲
煙雲便不能不了

事情總是這樣了的
當車急馳　要追回什麼來
雙目總是把車窗
磨成那片迷濛
那片悵惘

一九八八年

旅途感覺

車不停的跑
大地奔著過來
天空衝著過去
把圓圓的遠方擲給我
我抱住它　坐在無際的遙望裏
讓風景自己去跑
房屋急急讓開林野
遠山慢慢讓開煙雲
煙雲卻不知那裏讓

一九七七年

溪頭遊

山在雲中走
雲在山裏遊
你是山　也是雲

雲遊　千山動
山靜　雲已睡了千年
清風盈袖時
遊走的山與雲
便多出一種飛的樣子

想飛　還沒有飛
林鳥已穿過千樹
碰碎了滿山的青翠

滴滴落入泉聲
是誰在彈古箏

看一下谷底　望一下天宇
石板路一級級探幽入山
青竹一節節問玄入雲
雲是你　山也是你

你與山同走　路在雲裏
雲與你同遊　山在路外
你停步佇立　山以千萬棵檜木
　　　　與你正直在一起
你仰臥躺下　雲以千萬種飄逸
　　　　與你一同悠然
你離去　山頂上的那座亭子
　　是最美的一朵孤寂
　千萬年的守著山

望著雲

一九八二年

註：最近同幾位朋友遠遊溪頭。「臺北市」一直吵過了大鎮小鎮，到車停在山腳，才肯回去。入山採購些什麼呢？這座不認識貨幣也無人管的百貨公司，還是自己隨便拿吧！不必帶手提袋，照相機與眼睛就夠了，裝不完，都交給心，心可攏進整座山。

海邊遊

車跑上高速公路
　將都市脱掉
我們走出車門
海跑過來
　將我們脱掉

涉水時
雙腳是入海的江河
嘩然一聲籃
雙目已飛起水天的雙翅
　將海也脱掉

海裸在遼闊裏

握著浪刀
一路雕過來
　把山越雕越高
一路雕過去
把水平線越雕越細

海不知為什麼
　拋下浪刀
一轉眼便不見了
太陽把藍玻璃瓶裏的水煮開
我們泡飲過多的山色
真不知醉到那裏去了
風問浪
浪問石
石問山
山問雲

都不說
要不是眼睛與海天藍在一起
重重的遠山
絕不會將我們的蹤影
說出

歸帆將黃昏
運到岸邊
拋下一束沉寂
只有東南西北
站在那裏看
我們從眼中拉出鋼繩
將落日埋下去
海才放心回家

野馬

將前腿舉成閃電
吼出一聲雷
然後放下來
竟是那陣追風而去的雨

奔著山水來
衝著山水去
除了天地線

牠從未見過韁繩
除了雲與鳥坐過的山
牠從未見過馬鞍
除了天空銜住的虹　大地啣住的河
牠從未見過馬勒口
除了荒漠中的煙
牠從未見過馬鞭

一想到馬廄
連曠野牠都要撕破
一想到遼闊
牠四條腿都是翅膀
山與水一起飛
蹄落處　花滿地
蹄揚起　星滿天

雲

藍空因我柔得像
　愛人的眸子
我帶著海散步
　帶著遠方游牧

我走　地相跟
我飛　天相隨
我笑　太陽在
我怒　風雨來
我情悠悠　江水說不盡
我心遙遙　海天望無窮
我的行程　只有一部份被鳥知道

那是它飛著山水來
我飄著山水去
彼此遇上
我的行程　大部份是過了水平線之後
日落星沉　煙消波滅
天茫茫
地茫茫
永恆也茫茫
獨我在

一九七七年

山

——那乳房
在天空透明的胸罩裏裸著

它幽美的線條
一直被海浪
高談闊論
畫得不像
又塗掉
它從不說什麼
只美在自己的韻律裏

風雲鳥
也畫過它
但筆觸太輕飄

都留不下來
倒是它簡單的一筆
又剛又柔的
把風的飄逸
雲的悠遊
鳥的飛翔
全都畫在那裏

都市的落幕式

煞車咬住輪軸
街道是急性腸炎
紅燈是腦出血　胃出血
十字街口是割去一半的心臟
只有那盞綠燈　是插到呼吸裏去的
　　　　通氣管

都市你一身都是病
氣喘在克勞酸裏
癱瘓在電梯上
痙攣在電療院裏
於癲狂症發作的週末只有床忍受得了你

牛尾湯往上端　流行歌往下流
那種酒　總是往那種臉色裏死
天天　店門像一排鈕釦解開
那陰處　便對準你的發洩
夜夜　綠燈戶是你的北極星
照著觀光客最後的那段路
天亮時　另一隻鳥便來接管
　　希爾頓窗外的天空
誰也不知道你坐上垃圾車
　　往那裏去

一九七二年

生存！這兩個字

都市是一張吸墨最快的棉紙
寫來寫去
一直是生存兩個字

趕上班的行人
用一行行的小楷
寫著生存
趕上班的公車
用一排排的正楷
寫著生存
趕上班的摩托車
用來不及看的狂草
寫著生存

只為寫生存這兩個字
在時鐘的硯盤裏
幾乎把心血滴盡

一九八二年

摩托車

從20世紀手中
揮過來的一根皮鞭
狠狠的鞭在都市
撒野的腿上

一條條鞭痕
是田園死去的樹根
乾掉的河

一九八〇年

提００７手提箱的年輕人

——他夢見００７是造在乳峯上的一座水晶大廈

００７是歲月的密碼
　只打開明天
００７是高速公路上
　　最帥的速度
　　　不往後看

提著００７
整座城跟著跑
跑到「下午三點半」
在銀行放下的鐵柵前
他不是提著一座天堂
　便是提著一座墳

　　　　　　一九八一年

迷你裙

裁紙刀般 刷的一聲
　將夜裁成兩半
一半剛被眼睛調成彩色版
另一半已印成愛鳳牀單
就那麼的裁過來
　裁成一九七二年的旋律
就那麼的裁過去
　裁出那條令人心碎的望鄉的水

平
線
多少日落
多少星墜
多少月沉

一九七一年

露背裝

眼睛圍在那裏
大驚小怪的説
那是沒有欄干的天井
　　近不得

警笛由遠而近
　　由近而遠
原來那是廿世紀新開的天窗
眼睛遂都亮成星子
把那片天空照得
　　閃閃發光

一九七六年

搶劫與強暴

在深夜暗淡的街燈下
她身上擺動過來的曲線
　與他的視線接上
她項間垂掛的珍珠
　與他的眼珠碰上
她胸前聳起的乳峯
與他經常走險的長白山
　　　對上
整個視覺空間
便走入原始可怕的蠻荒
看不見教堂法院與警察局
　便什麼都能做

一九八九年

咖啡廳

一排燈
排好一排眼睛
一排杯子
排好一排嘴
一排椅子
排好一排肩膀
一排裙子
排好一排腿
一排胸罩
排好一排乳房

一排眼睛
排好一排月色

一排嘴
排好一排泉香
一排肩膀
排好一排斷橋
一排腿
排好一排急流
一排乳房
排好一排浪

夜
便動起來

一九七六年

都市・方形的存在

天空溺死在方形的市井裏
山水枯死在方形的鋁窗外
眼睛該怎麼辦呢
眼睛從車裏
方形的窗
看出去
立即被高樓一排排
方形的窗
看回來
眼睛從屋裏
方形的窗

看出去
立又被公寓一排排
方形的窗
看回來

眼睛看不出去
窗又一個個瞎在
方形的牆上
便只好在餐桌上
在麻將桌上
找方形的窗
找來找去　最後
全都從電視機
方形的窗裏
逃走

眼睛的收容所

跟紅綠燈接力跑的眼睛
跟公文來回跑的眼睛
跟新聞到處跑的眼睛
跟股市行情追著跑的眼睛
跟菜單腸胃齊跑的眼睛
跟女人乳峯上下跑的眼睛
跟刀槍與血路逃跑的眼睛
跟禱告往天堂直跑的眼睛
無論是近視遠視與老花
是帶眼鏡不帶眼鏡
跑了一整天
都一個個累倒在
電視機的收容所裡

一九八九年

傘

傘
他靠著公寓的窗口
看雨中的傘
走成一個個
孤獨的世界
想起一大群人
每天從人潮滾滾的
公車與地下道
裹住自己躲回家
把門關上
忽然間
公寓裏所有的住屋

全都往雨裏跑
直喊自己
也是傘

他愕然站住
把自己緊緊握成傘把
而只有天空是傘
雨在傘裏落
傘外無雨

玻璃大廈的異化

站在街口
看玻璃大廈
　將風景一塊塊
　　冷凍在玻璃窗裏

坐著車出城
看玻璃大廈
　在飛馳的車窗外
　　很快解體
飛成一幅幅風景
溶入山水
化為煙雲
眼睛追不上

便轉回車內
望著空空的雙目
竟又看到另一座玻璃大廈
閃亮在那個鄉下小孩的
　　　　　　　瞳孔裏
　　　　　　　走過去
　　　　　　要五十年

一九八六年

童年歲月的流向

一個鄉下小孩
站在田埂路上
雙目裝著藍空碧野
　　　　看鳥飛
　　　　雲遊
路從田埂路石板路紅磚路
　　水泥路柏油馬路
　　走進電視網路
一個都市小孩
在光電閃亮的網路上
追著電動玩具「舒跑」
　　一路「酷」
　　一路「爽」

一九九八年

主！阿門　平安夜

哈利路亞　主阿門
平安夜
最不安的
　　是滿街車輛
　　　一路叫著向餐廳定位的腸胃
安不下來的
　　是廚房的爐火
　　　呼叫在鐵板上的牛排
　　紛飛在刀叉下的火雞
哈利路亞　主阿門
管他的聖餐與聖誕大餐
　　用什麼作料
上帝是否已到了禮拜堂

反正今晚
最ＯＫ的　還是卡拉ＯＫ
最Ｖ的　還是ＭＴＶ
最溫暖的　還是三溫暖
最水性的　還是舞池
最繽紛的　還是香檳
最體貼的　還是身體
最高峯的　還是乳峯
　　不是聖母峯

一九九一年二月

註：上帝知道，世人常利用「形而上」的節慶，來進行「形而下」的享樂活動（寫於一九九〇年聖誕夜）

卡拉ＯＫ

還有什麼不ＯＫ
整座城被你踩下去
世界也被你狠狠踩碎
從0開始
你將自己先踩空
　回到原來
成為本能

腦空出來不思
心空出來不想
全讓給身體動
四肢是燃燒的高壓電路
都市在你光芒四射的身體上跳動

將整座城的喧囂與冷漠
從高音喇叭的喉管中吐掉
把生命跳到肉體的位置
碰是身體
抱也是身體
還有什麼不ＯＫ

道德經在國文課堂裏默讀
卡拉ＯＫ在腳下猛跳
即使卡拉跳昏了過去
嘴仍吐著啤酒泡沫
　叫ＯＫ

一九八七年

後現代A管道

後現代　嬉皮笑臉
跟著緊繃著臉的現代
走過來
把往上看的眼睛
向下看
世界變矮
偶像倒在地上

●

將皇冠與古羅馬的圓頂
往大廈的頭上戴
把壓克力透明屋頂與天頂
頂在一起
開賓士到鄉下

帶田園的大樹到高樓裏來
　與都市相會（註）
穿一雙「雅皮」「優皮」皮鞋
　踩整座城進豪華地毯
拖一雙拖泥帶水的拖鞋
　拖整座城進大街小巷
方向該往那裏走
　　只要是路
方向該往那裏休息
那要看它累成什麼樣子
　煙灰缸空酒瓶
　休閒中心與教堂
　　都是好地方

●

在三百六十度開放的時間廣場上
有人走進新東陽老大昌
有人衝入麥當勞肯德基

有人將咖啡倒進龍井
有人將檸檬擠進牛乳
有人舉左手舉右手
有人左右手一起舉
有人抱股市的屁股
有人抱女人的屁股
有人抱文章的八股
有人把文化裸成她的胴體
有人把崇高
聳立在女人的乳峯上
有人把酒瓶玉腿與槍支
當作天堂的支柱
有人用一堆銅與水泥
堆成永恆
只要你高興
一切都由你
價值由你定

歲月由你選
世界任你挑

一九九〇年四月

註：「現代啓示錄」餐廳建築，是臺北市極具後現代裝置藝術的造型觀念，不但屋頂透明；更不可思議是將一棵古老的大樹種在屋內，使都市與田園的景象，呈現在同一個造型空間內，彼此對話。

長在「後現代」背後的一顆黑痣

在英雄與命運交響樂中
尼采沿著地球的直軸
向天頂爬
圖以自己的心　對換宇宙的心
　　　　　同永恆簽約

千萬隻眼睛
仰視他一個世紀
看累了　從高空下來
世界平躺在地上
天地相望　誰都不高
卻苦了飛不起來的天空
反正飛與跑與行

　　　都是走
走到那　都有你的
博士與明星攜手走進熱門
歌星與莫札特同進一間錄音室
詩人與師爺同坐一張書桌
三毛四毛長在毛姆的額上
　　　根在培根的頭上
燕尾服穿上牛仔褲
啤酒屋與靈糧堂各吃各的
大廈在指壓粉壓下　動不了
反正上流下流都是流
　　　溝水海水都是水
清不出來的　都進入陰溝
走不出來的　都擠進黃燈
　將東南西北在方向盤裡
　　　炒成一盤雜粹

一九九二年

「世紀末」病在都市裡

先是銅從銅像裡走回五金行
　　夢娜麗莎嘴上畫上鬍子
然後是上帝問自己從那裡來
最後是鞋問路
　　路問方向
方向問進了一盞快熄滅的燈
　　　　關上門來睡
　　　　　等天亮

過去的過去的過去　呼呼大睡
未來的未來的未來　呼呼大睡
現在　夾在中間　睡不著
　　　　　便蹓跑出去

直跟著失眠的都市
一起抽菸喝酒
一起看裸體畫
一起克拉ＯＫ
一起張大眼睛
倒在興奮劑與安眠藥裡
翻來覆去
一條不帶岸的船
漂在起伏的海上

一九九二年

另一個睡不著的世界

零時三點
一輛車沿著窗外
將夜一路咬到
　完全沒有聲音的地方
　　　　　丟下來
世界睡得更沉
連最不想睡的卡拉ＯＫ
　都打哈欠關燈了
你卻睡不著
在另一個不眠不休的世界裏
因為夜一直要找光的出口
詩便將你點亮成

一盞燈
放在最接近太陽出來的
山頂上

一九九二年十月

光住的地方

——「燈屋」生活空間

光　沒有圍牆
光住的地方　當然也沒有

燈屋只是一個露天的艙位
在時空之旅中
眼裏帶有畫廊
耳裏帶有音樂廳
什麼也不用帶了
這樣　雙手可空出來
　　　抱抱地球
雙腳可舒放在水平線上
頭可高枕到星空裏去（註）

把世界臥成遊雲
　浮著光流而去
　　月是堤
　　　日是岸
登步上去　光就住在那裏

一九七九年

註：入夜，「燈屋」衆燈閃亮成一片星空。

哥倫比亞太空梭登月記

——並追記三十年來創作的心路歷程

將悲多芬的心房
　　　　先點火
然後把世界放在火上
　　　　射出去
那是一朵最美的形而上
馬拉美早就等在神秘的天空裏
以一個象徵的手勢
把它指引過去
一轉目　夢也追不上
它已飛越阿拉貢的故鄉
　　降落成一座月球

一九八一年

註：悲多芬是浪漫派音樂大師，馬拉美是象徵派詩人，阿拉貢是超現實信徒。

隕石

——給詩

在地球未打椿
也沒有地圖之前
它帶著宇宙
從茫茫中降落

石面下 坐著山的深度
石面上 坐著天的高度
石周圍坐著地的廣度

看是遠方
聽是回響

摸它成水流
擊它為火光
冷它入冰心
握它進建築的力點
　架構起無邊的透明
望著滿天的繽紛燦爛
　　墮落在凋謝中
獨留下它堅韌的這一朵
開放出大過地球與時空的
　　一座MINIMAL

附記：詩是一種「前進中的永恆」的存在。MINIMAL在藝術創作理念中，是「極限」與「極小」之意，但對「美」的世界，有極大與無限的發言權，故它小卻又大過可見的地球與超過茫茫的時空。

颱風眼

——給詩L·大衛

空出來　給萬有
靜下來　給萬動

你盯住天地的心
看狂風暴雨帶著世界
四面八方呼嘯而來
你是無聲的回音谷
來自高山絕嶺的
「尼采」會帶它回孤寂的峯頂
來自翻天覆地的
「海」會用天地線牽住它不動
　　　　回到有無中

究竟是空　是有
　是靜　是動
你
　一目了然

太陽・背上光的十字架

——給詩人L・大衛

你的光臨
是來看目與窗的透明
點亮大海與曠野的遼闊
看水流花放
鳥飛雲遊
無
邊
無
際

背上光的十字架
架好時空的座標
你一路在光裡走

是誰以鷹鷲之翼造成日蝕
以蝙蝠之翅　編製黑夜
使光的圓渾暗成黑溜溜的
圓滑
而你即使因此瞎成荷馬
仍聽見那密集的血釘
在你身上磨出的聖樂
仍奉著韓德爾的彌撒亞
成為禮拜日的鐘聲
流響在光波中
永　永　遠　遠

附語：孔子認爲詩是天地之心，等於是說詩是正義與眞理，那麼做爲詩人就該爲「眞理」活著，萬不能背離眞理，而成爲價值不分，是非不明，沒有公平正義、勢利、鄉愿與拉皮條的社會之徒。詩成爲「眞理」時，詩人便得背上光的十字架，走向前進中的永恆。

人去　星在

——給詩人L·大衛

燈下　一些詩稿與
一隻他坐過的空椅子

夜不向窗外看還好
一看　那隻空椅子
竟成了天空
人去　星在

一九七四年

完美是一種豪華的寂寞

你是廣大的天空
就不能只讓一隻鳥
　　飛進來
　即使是天堂鳥

你是遼闊的原野
就不能只讓一棵樹
　　長進來
　即使是神木

你是連綿的山
就不能只讓一樣金屬
　　藏進來

即使是鑽石

你是深遠的海
就不能只讓一條河
　　流進來
即使是長江

你是壯麗的大自然
就不能只讓一種風景
　　美進來
即使是山明水秀

你是燦爛的歲月
就不能只讓一個節日
　　笑進來
即使是狂歡節

你是無限的時空
就不能不讓短暫
走出去
永恆住進來

你是完美
就得因完美
永遠守住那份
豪華的寂寞

註：（此詩寫在一九七一年，經修改後發表於一九八六年）

門的聯想

花朵把春天的門推開，炎陽把夏天的門推開，落葉把秋天的門推開。寒流把冬天的門推開，時間到處都是門；鳥把天空的門推開，泉水把山林的門推開，河流把曠野的門推開，大海把天地的門推開，空間到處都是門；天地的門被海推開，海自己卻出不去，全人類都站在海邊發呆，只看到一朵雲從門縫裡悄悄溜出去，眼睛一直追著問，問到凝望動不了，雙目竟是兩把鎖，將天地的門卡擦鎖上，門外的進不來，門內的出不去，陳子昂急著讀他的詩「前不見古人，後不見來者，念天地之悠悠，獨愴然而涕下」，王維也忍不住讀他的詩「江流天地外，山色有無中」，在那片茫茫中，門還是一直打不開，等到日落星沉天昏地暗，穿黑衣、紅衣聖袍的神父與牧師，忽然出現，要所有的人將雙掌像兩扇門（又是門），在胸前關上，然後叫一聲阿門（又是門），天堂的門與所有的門，便跟著都打開了；在一陣陣停不下來的開門聲中，我雖是想把所有的門，都羅過來的羅門，但仍一直怕怕手中抓住鎖與鑰匙的所（鎖）羅門。

一九九〇年

附註：這首散文詩中所出現的「時間之門」、「空間之門」、「哲學家的腦門」、「詩人的心門」，以及「天地之門」與上帝的「天堂之門」，都是被「詩」的偉大的想像力推開的，沒有詩的聯想力，我們只能看見木門、鐵門、鋁門、前門、後門與旋轉門或者「門都沒有」。的確，人尤其是詩人是活在偉大詩的想像中，否則所有的一切都將成爲「斷線」的孤立的存在。

麥堅利堡

超過偉大的
是人類對偉大已感到茫然

戰爭坐在此哭誰
它的笑聲　曾使七萬個靈魂陷落比睡眠還深的地帶

太陽已冷　星月已冷　太平洋的浪被炮火煮開也都冷了
史密斯　威廉斯　煙花節光榮伸不出手來接你們回家
你們的名字運回故鄉　比入冬的海水還冷
在死亡的喧噪裏　你們的無救　上帝的手呢
血已把偉大的紀念沖洗了出來
戰爭都哭了　偉大它為什麼不笑
七萬朵十字花　圍成園　排成林　繞成百合的村
在風中不動　在雨裏也不動
沉默給馬尼拉海灣看　蒼白給遊客們的照相機看

史密斯　威廉斯　在死亡紊亂的鏡面上　我只想知道
　　那裏是你們童幼時眼睛常去玩的地方
　　那地方藏有春日的錄音帶與彩色的幻燈片

麥堅利堡　鳥都不叫了　樹葉也怕動
凡是聲音都會使這裏的靜默受擊出血
空間與空間絕緣　時間逃離鐘錶
這裏比灰暗的天地線還少說話　永恆無聲
美麗的無音房　死者的花園　活人的風景區
神來過　敬仰來過　汽車與都市也都來過
而史密斯　威廉斯　你們是不來也不去了
靜止如取下擺心的錶面　看不清歲月的臉
在日光的夜裏　星滅的晚上
你們的盲睛不分季節地睡著
睡醒了一個死不透的世界
睡熟了麥堅利堡綠得格外憂鬱的草場

死神將聖品擠滿在斯喊的大理石上
給昇滿的星條旗看　給不朽看　給雲看
麥堅利保是浪花已塑成碑林的陸上太平洋
一幅悲天泣地的大浮影　掛入死亡最黑的背景
七萬個故事焚毀於白色不安的顫慄
史密斯　威廉斯　當落日燒紅滿野芒果林於昏暮
神都將急急離去　星也落盡
你們是那裏也不去了
太平洋陰森的海底是沒有門的

註一：麥堅利堡（Fort Mckinly）是紀念第二次大戰期間七萬美軍在太平洋地區戰亡；美國人在馬尼拉城郊，以七萬座大理石十字架，分別刻著死者的出生地與名字，非常壯觀也非常凄慘地排列在空曠的綠野上，展覽著太平洋悲壯的戰況，以及人類悲慘的命運，七萬個彩色的故事，是被死亡永遠埋住了，這個世界在都市喧嘩的射程之外，這裏的空靈有著偉大與不安的顫慄，山林的鳥被嚇住都不叫了。靜得多麼可怕，靜得連上帝都感到寂寞不敢留下；馬尼拉海灣在遠處閃目，芒果林與鳳凰木連綿遍野，景色美得太過憂傷。天藍，旗動，令人肅然起敬；天黑，旗靜，周圍便肅然無聲，被死亡的陰影重壓著……作者本人因公赴菲，曾與菲作家施穎洲，及亞裔畫家朱一雄家人往遊此地，並站在史密斯威廉斯的十字架前拍照。

註二：戰爭是人類生命與文化數千年來所面對的一個含有偉大悲劇性的主題。在戰爭中，人類往往必須以一隻手握住「偉大」與「神聖」，以另一隻手去握住滿掌的血，這確是使上帝既無法編導也不忍心去看的一幕悲劇。可是爲了自由、眞理、正義與生存，人類又往往不能不去勇敢的接受戰爭。當戰爭來時，在炸彈爆炸的半徑裏，管你是穿軍服、便服、童裝、吐乳裝乃至神父的聖袍，都必須同樣的成爲炸彈發怒的對象；可是戰爭過後，當我們抓住敵人俘虜，卻又不忍心殺他；的確透過人類高度的智慧與深入的良知，我們確實感知到戰爭已是構成人類生存困境中，較重大的一個困境，因爲它處在「血」與「偉大」的對視中，它的副產品是冷漠且恐怖的「死亡」。

板門店・三八度線

一

一把刀
從鳥的兩翅之間通過
天空裂開兩邊
十八面彩色旗
貼成一排膠布
這個疤該不該算到上帝的臉上去
這個疤　若再裂
火山口噴出的火
會不會是壯麗的血

二

養傷的土地
住在傷口裏

上帝太遠不能來看它
連田園與牲口也不來看它
一個美國兵守它
　　　　守了三十六個月
回國後　也不再來看它

它躺在傷口裏
那裏也不能去
所有的門窗都是槍口開的
　　　　此刻都關上

三

它能到那裏去
那座有橋頭無橋尾
　　　　有橋尾無橋頭的橋（註一）
連路都找不到自己
上帝　祢走走看

殘廢的曠野
　　拉住瞎了的天空
一個不能動　一個不能看
它能到那裏去
天地線是緊縮在腳上的
　一條沉重的鐵鍊
鳥飛　天空逃
風吹　樹木跑
誰要是站在那裏不走
槍聲會從寂靜中
　一排排過來
輕輕吐一口煙
遠處的雲　全都迴響成炮聲
天空是機翼蓋的
樹林是槍支排的
飄葉是鞋子散落的
山谷是傷口挖的

山坡是坦克起伏的
山是屍體堆成的
星夜是彈頭與眼珠綴成的
　月亮一出來　便流淚
　太陽一出來　便淌血

四

炮火是什麼顏色
血也是什麼顏色
玫瑰與酒是什麼顏色
唇也是什麼顏色
當玉腿與摩天樓
　一同昇起天國的支柱
叫那些屍骨去埋成那一種鋼架
難道那張小小的會議桌
　會有兩個半球那麼重
　　坐著兩排戰車
　　　　兩排炮

兩排槍
兩排刺刀
兩排血
兩排淚
兩排望不在一起的眼睛
兩排握不在一起的手
兩排幫忙工作的雪茄
它究竟是飄然過橋的雲
還是炮管冒出的煙

五

會議桌上的那條線
既不是小孩子跳過來跳過去的那根繩子
便是堵住傷口的一把刀
拔掉　血往外面流
不拔掉　血在裏面流
誰會去想那個在受刑的生命
推在火中　垂下頭

潑在水中　仍垂下頭
誰會去想鐵絲網是血管編的
編與拆都要拉斷血管
誰會去想在炸彈開花的花園裏
嬰孩是飛翔的蝴蝶
修女是開得最白的百合
上帝就一直抓不住那雙採摘與捕捉的手
誰又會去想在一條越走越遠的路上
一個棄槍的警長與一個棄刀的暴徒
被一個沒有鑰匙的手銬
扣在一起走

六

走到那橋頭
山窮水也窮
山盡水也盡
峯迴路也轉
當我們離橋而去

所有出走的眼睛
　都從瞎了的天空裏望出來
一緊張　不敢握別的手
　　一直放在口袋裏
　　不敢去看的眼睛
　　一直藏在凝視中

在用不著開槍的幾公尺裏
幾個沒頭沒腦的北韓士兵
　不知為什麼傻笑了過來
上帝祢猜猜看
　它是從深夜裏擲過來的一枚照明彈
　還是閃過停屍間的一線光

註：板門店38度線，有一座分界的橋，稱「不歸路」過了橋便回不來。

時空奏鳴曲

——遙望廣九鐵路

一、只能跳兩跳的三級跳

整個世界
停止呼吸
　在起跑線上
車還沒有來
眼睛已先跑
跳過第一第二座山
到了第三座
懸空下不來（註一）
往前　茫茫雲天
回頭　九龍已坐車
　竄入邊境

將我望回臺北市
　泰順街的窗

二、望了三十多年

那個賣花的老人
仍在街口望著老家的
　　　花與土

玻璃大廈沿街
　開著一排排
　亮麗的鄉愁
在建築物龐大的陰影下
他坐來大榕樹下的童年

一輛日本進口的野狼牌機車
以武士刀尖銳的速度
從和平東路直刺入
　和平西路

穿過記憶
一陣驚慌
整塊土地倒在血泊裏
較潑墨還迷濛的山水
不就是他愁苦的淚眼
望著彈痕從身上
奔過來的江河
風寒水冷
葉落枝垂
在機槍子彈架起的高速公路上
炮彈跨空的天橋上
每個方向都哭過
天堂的出入口
一直是久未痊癒的傷口
望著自己三十多年來
仍一直望著的眼睛
他疲累的視線

只能把黃昏田裏那頭老牛
　　　　　　　　拖回家
已牽不動日漸繁華的街景
一輛西式嬰兒車
推著新的歲月經過
一排高樓聳立在
　　打樁的巨響裏
他從炸彈聲中醒來
仍看見那個抓不到乳瓶的棄嬰
　　坐在彈片散落的廢墟上（註二）
整座天空在煙火中
　　藍不出來
當藍哥兒將整條街
　　藍過來
一群人走進禮拜堂
　　去看聖母

一群人湧進百貨公司
　　去看歲月
他已想不到那麼多
見到羅馬磁磚
　便問石板路
見到香吉士
　便問水井
見到新上市的時裝
　便問母親在風雨中老去的臉

滿街汽笛
響來鳥聲與口哨
他好想飛想跳
幾十個東張西望的花盆
　　朝著天空
要他一起靜靜坐下來
坐到天黑

他行動不便的雙腿
才交給那隻洗腳盆
帶回童時愛玩水的
　　　　小池塘裏
一高興　濺在臉上的小水珠
　　　　都笑成淚
淚是星星
家鄉的星空
便亮到電視機的螢光幕上
　　　　來看他
群星閃動時
怎會是一群歌星
（地球朝炸彈的反方向滾）
鳳姊姊的鳳眼
　是沿著豪華大飯店
　　十多層高的樓房

　一直笑下來的鑽石燈
他的雙目是暗在牆角裏的
　　菜油燈
臨睡前
年輕人拿出007裏的建築圖
　　看看明天
　　用電腦算算明天
夜總是要他坐在記憶的傷口裏
去看儲存在存摺與日曆牌上
　　那越來越少的歲月
從沒有聽過一聲文學性的晚安
　便抱著那張單人床睡去
睡到有一天醒不來
太陽仍會起來
鐘錶停了
路自己也會走

至於槍聲還會不會響
安全理事會還要不要開
到時候報紙會説
只要地球還在
鐵絲網還在
白晝與黑夜還在
白色的乳粉與黑色的彈藥
都會在

三、穿過上帝瞳孔的一條線

繞東西德走廊
來到這裏
較雲去的地方遠
卻比腳與泥土近
只要眼睛
碰它一下

天空都要回家
這條線望入水平線時
連上帝也會想家

是誰丟這條線
　　　在地上
沿著它
母親　妳握縫衣針的手呢
還有我斷落在風箏裏的童年
母親　如果這條線
已縫好土地的傷口
我早坐上剛開出的那班車
沿著你額上痛苦的紋路
　回到沒有槍聲的日子
　　　　　去看妳
如果這條線
是一筆描

動便長江萬里
靜便萬里長城
那些凍結在記憶與冰箱裏的
冰山冰水
都流回大山大水
把鐵絲網與彈片全沖掉
祖國　你便泳著江南的陽光來
滑著北地的雪原去
然後　打開綠野的大茶桌
捧著藍天的大瓷壺
不在那小小的茶藝館裏
從「黃河入海流」
飲到「孤帆遠影碧空盡」
從「月湧大江流」
飲到「野渡無人舟自橫」
讓從巴黎倫敦與紐約
進來的照相機

都裝滿第一流的山水與文化回去
讓唐朝再回來說
那是開得最久最美的
　　一朵東方

祖國　當六天勞累的都市
　　已想到週日郊外的風景
鳥便在天空裏對飛機說
巍然的帝國大廈
　　永遠高不過你
　　悠然的南山
任使一張張太空椅
　　往太空裏放
祖國　你仍是放在地球上
　　最大的那張安樂椅
只要歲月坐進來
打開唐詩宋詞

沒有槍聲來吵
世界便遠到
山色有無中
太空船真不知要開多久
才能到了
到不了
只好往心裏望
多望幾眼
怎麼又望回這條線上來
原來是開入邊境的火車
又把一車箱一車箱的鄉愁
運回來
車走後
連土地都忘了
在那裏上下車
整條鐵軌

鞭過天空
聲聲回響
陣陣痛

民國七十三年八月

註一：因第三座山罩著大陸的「鐵絲網」。

註二：戰地記者名攝影家王小亭，以拍攝炸後廢墟上的棄嬰，獲國際名攝影獎。

後記：七十三年應港大黃德偉教授邀請赴港大演講，曾同詩人余光中於餐後站在中文大學宿舍高處，遙望廣九鐵路。感慨頗多，想起在「炮聲」與「鄉愁」中渡過的年代；想起全人類共同面對戰爭的苦難；想起子彈與刺刀，一直要穿過人體去探索與證實生命存在的意義……這種悲劇已形成的事實，神與上帝也只能用祂禮拜堂中的「禱告」，來治療人類的傷口了。當子彈播種在土地與人的臉上，隨便用那一隻手去收割勝利，另一隻手就必須去握住人的血，可是爲了自由，人道與生存，人又無法不去面對戰爭，在鐵絲網的兩邊，有著死不兩立的恨，也有純粹是「乳房」與「嘴」緊緊相連的母子之愛……這種一直被「卡」在難境中的苦情，使我們看到上一代踏著彈片從炮火與苦憶中伸出來的臉，與年輕一代帶著幸福與笑聲從燦爛的都市文明中昇起的臉，能不有所感懷？尤其是國家壯麗的大自然景觀與深厚的文化潛力，都的確是創造國人幸福美好生活的理想溫床，然而由於鐵絲網、槍彈以及不同的旗面與制服，使一切都與理想有了一段痛苦的距離……任誰都會在內心的深處，感知到這種潛在的隱痛與憂慮。

火車牌手錶的幻影

一

坐在火車上看錶
想起三十年前那隻火車牌手錶
它不是快　就是慢
卡嚓卡嚓　快了
　　快的是槍聲
滴答滴答　慢了
　　慢的是快停了的心臟
橫屍滿野
錶面是透明的墳
連歲月死去的苦臉
　　都可看見

長短針括不盡漫天的風雨
葉隨彈片落
天隨炮聲暗
晨光用淚來白
晚霞讓血來紅
夜一直哭著睡

二

三十年
錶換了　心不換
鞋換了　路仍在走
車輪直喊著軌道
車窗追問著風景
我發呆地踩住鞋下的地毯
　它該是那一種溫暖的鄉土
望著前排座位小孩的裸腳
我已同那條涼涼的石板路
　奔成村子裏的那陣風

如果還滾著鐵環
那該是一輛飛車
較現在快
時間發出笑聲
空間露出笑臉

三

臉緊靠著車窗
緊靠著記憶
原野要是以昔日的步子走來
必穿著那雙芬芳的草鞋
草香中有血味
草心中有泥味
每個鞋印都留下土地的傷口
隨著歲月而深
淚注入
便溢成滿目湖水
映著家鄉的月色

夜又不能不哭了
提到哭　旁邊座位的那個嬰兒
說哭就哭
原來是他的嘴在顛簸中
離開了母親的乳頭
這與炮彈要一切分開
若能構成聯想
則所有的車輪　都是離家的腳
所有的車窗　都是離家的眼睛
所有的錶面　都是離家的臉

一九七七年

註一：「火車牌手錶」是抗戰期間大後方製造的一種錶，現已絕跡，從名稱看，含有時間的旅程感。因其結構粗糙，時快時慢，聲音特別大，它的跳動，一直伴隨著「炮聲」與「心跳」。

註二：「草鞋」是抗戰期間大後方常見到的鞋，踏在被彈片割傷「流血」的土地上，似乎較那經過櫥窗地毯與柏油路方能同泥土接觸的皮鞋，更具親切感。從草鞋看亮晶晶的皮鞋，我們看見了文明的進步與幸福的生活；從亮晶晶的皮鞋想起草鞋，我們憶及過去走在苦難中的歲月。

921號悲愴奏鳴曲

——九月廿一日臺灣大地震

造物
祢安頓我們在這美麗的島上
祢的仁慈　我們的感恩
平行成歲月的雙軌
在田園　被太陽與汗水刻在
　　額上的艱苦紋路
已被都市文明美成通往地球村
　　多彩多姿的順暢網路
　　給進步與繁榮在走
當月亮趕在中秋來大家團圓
造物
究竟為什麼

在祢來不及預防的震怒裡
山崩地裂
千萬房屋倒成
無家可歸
無數生命埋成沙石
死亡來不及追認死亡
血水淚水雨水
直往陰暗的墳地灌溉
田園躺在廢墟上喘息
都市斷電瞎著眼睛在看
除了呼救聲　是哭聲
除了祈求　是跪拜
呼天不應　神明不明
我們含淚逃出流血的傷口
堅強的站給生命看
世界各地帶著同情趕來
在死亡最陰冷的黑地上

點亮一線溫暖的火光
讀著人類的關懷與希望

造物
究竟為什麼
祢180度反轉
將仁慈震破成殘暴
在上帝都不知道祢要震怒的那一刹
世界驚慌的躲在桌下
時間與空間都縮回去
我們在什麼都摸著的空茫裡
順從祢的凌駕　顫抖在搖擺的生死線上
從劫後餘生回到痛苦裡
我們深悟人不能勝天的軟弱
也無法過問祢的對錯
我們是祢造的

　是祢的作品
如何阻止雕塑家
　從不弄壞自己的雕塑
沿著舊金山唐山經過土耳其到阿里山
銅像博物館銀行金庫
祢一路震怒過來
　墜如山頂的落石
世界空望成和尚的光頭
原子能變得無形
警犬挖土機與救護車
　只求找到最後的一些聲息
聯合國紅十字會也只能替祢
　在事後佈施一些仁慈
造物
在祢用我們的血淚與骨肉
　來燃燒祢的怒火過後

在我們痛苦過後的痛苦過後
我們仍活在祢賜給我們身體與土地的地球上
　仍活在冬去春來　日落日出的時序中
忘不了祢將我們設計在
　大自然的生命結構中
我們走　地相跟
我們飛　天相隨
我們情悠悠　江水說不盡
我們心遙遙　天地望無窮
我們高興來花開鳥鳴
　愁苦來愁雲苦雨
　相思來黃葉落
　孤獨來天邊的孤雲
　渺茫來遙望的天地線
　希望來明天的日出
我們的確是活在祢仁慈的右手與
　殘暴的左手中

任由祢擺佈與指使
我們的聽與看都來自祢的耳目
行與動都離不開祢的手腳
生與死都在祢的身體裡
祢一秒鐘震破的世界
我們要連年連月來勞役苦修

造物
若祢是仁慈的父
怎能打翻孩童正玩得開心的拼圖
怎能連頭上一根髮地上一根草
都要被祢的繼層切斷
在承受祢毀滅性的震怒過後
土地與我們都痛苦得夠累了
死亡仍籠罩著去不掉的陰冷
餘震與餘驚仍在鐘錶裡
一滴一答

歲月在夜裡還是睡得不好
造物
求祢施放出祢的大愛
使斷層埋住的一條條引爆線
都在睡夢中安靜成
　床下溫暖的電流
好讓療傷的土地與我們
在死亡走過的冷冽的夜裡
逐漸恢復體溫
去追趕明天的太陽
重新耕種我們青山綠水的田園
　我們五顏六色的都市
　我們安定舒適的生活
　我們用詩用歌來看來聽
　　來讚美的未來

註：九月廿一日臺灣大地震，帶來沉痛無比的災難，使臺灣乃至全世界住在地球村的人類，都感到無比的

震驚與哀痛，當我們從人道的關懷、從流血的傷口，堅強的站起來；同時也接受到存在於浩瀚宇宙中一次最強烈與嚴酷的衝擊，而難免有所反思，靜下來對自己的生命觀、世界觀與宇宙觀有新的體認，並覺識人本身潛藏有可見的宿命性與局限性。

都市之死

都市你造起來的
快要高過上帝的天國了

一

建築物的層次　托住人們的仰視
食物店的陳列　紋刻人們的胃壁
櫥窗閃著季節伶俐的眼色
人們用紙幣選購歲月的容貌
在這裏　腳步是不載運靈魂的
在這裏　神父以聖經遮目睡去
　　凡是禁地都成為市集
　　凡是眼睛都成為藍空裏的鷹目
如行車抓住馬路急馳
人們抓住自己的影子急行
　　在來不及看的變動裏看

在來不及想的迴旋裏想
在來不及死的時刻裏死

速度控制著線路　神抓不到話筒
這是忙季　在按鈕與開關之間
都市　你織的網密得使呼吸停止
在車站招喊著旅途的焦急裏
在車胎孕滿道路的疲憊中
一切不帶阻力地滑下斜坡　衝向末站
誰也不知道太陽在那一天會死去
人們伏在重疊的底片上　再也叫不出自己
看不見眼睛

沒有事物不回到風裏去
如酒宴亡命於一條抹布
假期死在靜止的輪下

二

禮拜日　人們經過六天逃亡回來
心靈之屋　經牧師打掃過後
次日　又去聞女人肌膚上的玫瑰香
　　去看銀行窗口蹲著七個太陽
坐著　站著　走著
　　都似浪在風裏
煙草撐住日子　酒液浮起歲月
伊甸園是從不設門的
在尼龍墊與彈璜床上　文明是那條脫下的花腰帶
美麗的獸　便野成裸開的荒野
到了明天　再回到衣服裏去
　　回到修飾的毛髮與嘴臉裏去
而腰下世界　總是自靜夜升起的一輪月
　　一光潔的象牙櫃臺
　　　唯有幻滅能兌換希望
都市　掛在你頸項間終日喧叫的十字街
那神是不信神的　那神較海還不安

教堂的尖頂　吸進滿天寧靜的藍
　　　　卻注射不入你玫瑰色的血管
十字架便只好用來閃爍那半露的胸脯
那半露的胸脯　裸如月光散步的方場
　　聳立著埃爾佛的鐵塔
　　　守著巴黎的夜色　守著霧　守著用腰祈禱的天國

三

在攪亂的水池邊注視
搖晃的影子是抓不住天空的雲
急著將鏡擊碎　也取不出對象
都市　在你左右不定的擺動裏
　　　所有的拉環都是斷的
　　　所有的手都垂成風中的斷枝
有一種聲音總是在破玻璃的裂縫裏逃亡
人們慌忙用影子播種　在天花板上收回自己
去追春天　花季已過
去觀潮水　風浪俱息

生命是去年的雪　婦人鏡盒裏的落英
死亡站在老太陽的座車上
　向響或不響的　默呼
　向醒或不醒的　低喊
時鐘與輪齒啃著路旁的風景
碎絮便鋪滿了死神的走道
　時針是仁慈且敏捷的絞架
刑期比打鼾的睡眠還寬容
張目的死等於是罩在玻璃裏的屍體
人們藏住自己　如藏住口袋裏的票根
再也長不出昨日的枝葉　響不起逝去的風聲
一棵樹便只好飄落到土地之外去

四

都市　白晝纏在你頭上　黑夜披在你肩上
你是不生容貌的粗陋的腸胃
　一頭吞食生命不露傷口的無面獸
　　　啃著神的筋骨

你光耀的冠冕　總是自繽紛的夜色中昇起
　　　　而跌碎在清道夫的黎明
射擊日　你是一頭掛在假日裏的死鳥
　　　　在死裏被射死再被射死
來自荒野的餓鷹　有著慌急的行色
　笑聲自入口飛起　從出口跌下
　風起風落　潮來浪去
　誰能在來回的踐踏中救出那條路
　誰能在那種隱痛中走出自己撕裂的傷口
　誰能在那急躁的河聲中不捲入那渦流
　沉船日　只有床與餐具是唯一的浮木
　掙扎的手臂是一串呼叫的鑰匙
　喊著門　喊著打不開的死鎖

五

都市　在終站的鐘鳴之前
你所有急轉的輪軸折斷　脫出車軌
死亡也不會發出驚呼　出示燈號

你是等於死的張目的死
　死在酒瓶裏　死在煙灰缸裏
　死在床上　死在埃爾佛的鐵塔下
　死在文明過量的興奮劑中
當肺葉不再將聲息傳入聽診器
當所有的血管成了斷電的線路
天堂便暗成一個投影
神在仰視中垮下來
都市　在復活節一切死得更快
而你卻是剛從花轎裏步出的新娘
　是掛燈籠的初夜　果露釀造的蜜月
一隻裸獸　在最空無的原始
一扇屏風　遮住墳的陰影
一具彫花的棺　裝滿了走動的死亡

一九六一年

都市　你要到那裏去

神看得見，
都市！你一直往「她」那裏去。
如果說戰場抱住炸彈；
都市！你便抱住「她」——肉彈。

當輪齒與鐘齒
　　幾乎把時間啃光
菜油燈仍望著
　　日光燈發愁
都市，你打算與即將
　　到來的機器人
　　　　往那裏去

我們即使完全

瓦解入你的結構系統
　降服在你的高速下
找不到片刻
回到心裏去
禮拜堂也改為
　靈魂的乾洗店
我們仍是動物
　不是機器

即使猿猴也穿禮服
　在動物園吃西餐
希爾頓的餐廳與套房
仍證明我們是文明的動物
　　　　不是野獸

都市
你究竟要到那裏去

你的家在那
太空船一直要把你的
產房與焚屍爐
往太空搬
終日在齒輪上打轉
到了下午六時
你累著走出辦公室
太陽拋下你不管
先溜了

●

下班車停入車庫
腦下班
心公休
你帶著身體
仍在腰下走
街上蕩
高樓大廈都低下頭來

　　　　　　　　　　看她
公司行號都轉過頭來
　　　　　　　　叫她
餐館調配好吃慾
時裝店打扮好性慾
香水帶引著原始的嗅覺
一切都有了潛在的去向
你該往那裏走
路還會不知道嗎
從行車道到人行道到地下道
從階梯到樓梯到電梯
從工作房到門房到臥房
你一天跟著手臂與曲柄
　　　　在工作中動來動去
　　　　　　最後都動到那個
　　　　　　　　原本的動作裏來
事情就那麼簡單

交給身體去辦便得了

●

天剛黑
十字架從空中
正好倒在燈光閃爍的
　　十字街上
被千萬輛車
　　抬著跑
到處找天堂
耶穌就不必再苦了
教堂關門熄燈
對街豪華酒店
把所有的路與街道
　　都走回女人的腿上
管他是那一國來的觀光客
要把世上的風光
　　都看絕了

是登聖母峯
還是站在乳峯上
也都不必問了
當世界倒在酒杯裏
夜色眼色跟著變
再下來是什麼
　還用說嗎
她的笑聲　高過市聲
　　　　能不聽她的
她的玉臂　長過警棒
　　　　最美的野外球
　　　　還會是誰打的
她的雙腿　伸出歲月的快車道
筆桿與神杖　便只好點綴成
　　　　路兩旁的樹景
在她胸前的廣場上
　看不見銅像

奪目的雙星塔
從碧麗宮門前的
　　彩色噴泉中昇起
昇到天國的高度
你便走上世界的頂點
抱著她　　滑下來
　　　　那終點
　　　　　不就是你的家

●

家
不回去成嗎
腰把河　扭回去
胸把山　頂回去
唇把世界貼回去
隨便一條束腰帶
　一條短裙的底邊
　　或拉鍊

都是那條望鄉的水平線
　拉著你回去
穿著一身的文明回去
你是廿世紀的貴賓
賓館四處接待你
以企業化的速簡洞房
一個個閃亮的洞口
使天國的窗户
　住家的門户
　　都往下暗
而你躺在床的荒野上
讀你美麗的身路歷程
讓書藉與水泥磚在壁上冷
血液與體溫在身上熱
你頭枕道德經
關心的是她的經期
用不著音樂

憑身體
　也能找到自然原本的
　　節奏
聽不聽安魂曲
夜一樣安靜不下來
不帶户籍
他也一路上有家
只要你想回家
咖啡廳
餐廳
酒廊
都是候車站
她便是跑長途跑短途的
　　交通車
　　　等著你來
隨到隨開

開過市中心
看不見文化中心
繞過圓環
看不見博物館的圓頂
穿過博愛路
看不見愛神
你便直闖紅燈
帶著整座城
從大街大巷逃跑
跑回你赤裸裸的原來
　　　　你的家

一群警車
尾追在後
一群她
在前帶跑
跑到後來

在時間的荒原上
山緊抱住禪
天空緊抱住圓渾
戰爭的土地緊抱住炸彈
你 死抱著她——肉彈

一九八六年

附記：美國詩人桑德堡說：「都市！你是淫邪的！」我想大家都已日漸意會到此話中的警示。的確，當都市不斷將人放逐在腰下的物慾世界，不太容許人到腰上的空靈世界來，形成人的生命與內心趨向「靈空」的狀態，導致物慾與性慾的氾濫，確是可慮的，這已一再驚動了警車與文化急救中心。

都市的旋律

綠燈亮
紅燈閃
車來車去
車擠車
人來人去
人擠人
快快快
快入快車道
慢慢慢
慢入斑馬線
攢攢攢
攢入地下道

爬爬爬
爬上行人橋
腳懸空
手懸空
目與天空一起空

短裙飛來隻隻鳥
長裙飄來朵朵雲
腰不扭動　河會死
胸不挺高　山會崩
眉不畫濃　月會暗
唇不塗紅　花會謝
一滴香水　一池春
一個眼波　滿海浪
蕩蕩蕩
長髮長街一起蕩
流流流

流行歌排水溝一起流
追追追
機車公車火車一起追
卡嚓卡嚓　跑來藍哥兒
唏哩嘩啦　奔來牛仔裝
敲敲打打　衝出四聲道
要聽　耳與喇叭一起叫
要看　目與櫥窗一起亮
要知道下午　去問咖啡
要認識夜　去問酒
要了解床　去聽電子琴
要抱得緊　去找黛恩芬
要通通拉開　去拉YKK
要什麼也記不起　把鈔票丟下
　　　　　　　　去你的
要再見　不找昨日

要再見　找明天
要再見　找後天

一九七六年

註：這首詩是爲配合作曲家李泰祥所製作的現代敲打樂而作。著重於都市生活的節奏與律動感；從都市的動面與現象，直接捕捉都市的實體。

都市的五角亭

他死拉住都市不放，
都市也死拉住他不放。

一 送早報者

「昨日」沒有被甏掉
「昨日」坐印刷機偷波回來了

那是在牛乳瓶的聲響之前
安娜還未游出臂灣之前
他的兩輪車衝在太陽的獨輪車之前
「昨日」像花園被他搬了回來
人們的眼睛擦亮成瓶子
等著插各色各樣的花
文明開的花　炸彈開的花

上帝愛看或不愛看的花

二 擦鞋匠

他與他的工具箱
坐成L型的吸塵器
坐成一小小的沙漠

在風沙裏
他的手是拉不斷的繩索
將一隻一隻運陽光的船
拉上路時
他已分不出自己的手
是帆
還是仙人掌

三 餐館侍者

總是將身子彎成

方向不對的V形
讓那隻停在白領上的黑蝴蝶
　飛出一位編號的紳士來

在白蘭地與笑聲湧起的風浪裏
遊艇與浪花留一些美麗的泡沫給他
對著滿廳紊亂的食盤
他摸摸那隻飛不進花園的黑蝴蝶
　摸摸胸前那排與彩券無關的號碼
　摸摸自己
他整張臉被請到燈的背面

四　歌女

天一黑
某些東西不是找她按摩
便是接受她的電療

在那一擊便著火的空氣裏
她是一隻RONSON牌打火機
夜是一支大麻煙

聲喉一伸
便伸成市民常去散步的那條路
那條路往前走　是第五街
　再往前走　是她的花園
　　再往前走　是她花園裏的噴水池
　　　再往前走　是那死在霧裏的廢墟
　　　　荒涼如次晨她那張
　　　　　被脂粉遺棄的臉

五　拾荒者

為嗅到亮處的一小片藍空
他的鼻孔是兩條地下排水道
在那種地方　還有那一種分析學

較他的手更能分析他的明天

背起拉屎的城
踩著開花的墳地
他在沒有天空的荒野上
　走出另一些雲彩來
在死的鐘面上
　呼醒另一部份歲月

女性快鏡拍攝系列

一、瘦美人

她站著
一根直軸
把眼球與地球一起轉
　　直到她走動

她走動
一縷飄煙
把曠野幽美的臥姿
　遠方溫暖的睡態
　　都先描了出來
　　　等著她臥下

她臥下

一條水平線　游在海上
擺盪成曲線　是江
起伏成弧線　是月
伸展成直線　便月湧大江流

二、老牌式主婦

在產房
　廚房
　　臥房
她走進走出

乳嘴咬去她三分之一
菜刀切去她三分之一
剩下的　用來繡
　　愛鳳床單

三、標準型風塵女郎

風來

雨去
花開
鳥鳴
她是最野的
原野

南來
北往
峯迴
路轉
她是不限速的
高速公路

其實説什麼
都不是
她只是那野得
非常危險的

原始

四、BB型單身女秘書

替公司
記下客戶要的貨色
與交貨時間
她把電話掛上
去接另一個電話
總經理說
下了班到玫瑰餐廳來
她對鏡
塗一下玫瑰色口紅
忽然發見自己
也是一種貨色
玫瑰色的
準時交貨

五、老處女型企業家

把世界存放在銀行裏
用支票支付歲月

她坐在旋轉椅上
把整座玻璃大廈
旋成一隻水晶球
四面八方反射著
太陽的笑聲

帶著笑聲回房
脫下名貴的浪琴錶
時間忽然靜下來
浪無聲
琴也無聲
燈熄後

只有那襲綢質透明睡衣
　抱住一個越來越冷感的夜

六、大衆牌情婦

只要那地方
不設門牌戶籍法院與禮堂
即使靠近懸崖
給她一張床
讓她心驚肉跳
她也敢把天翻過來睡
不必向公婆問早問晚
也不必餵乳
她較所有的新娘
都能製造出最蜜的
　蜜月

一九七三年

都市三腳架

一、建築工人

他把樓頂與天頂
　　不斷拉近
讓發亮的皮鞋們
　將電梯當天梯
　　　踩上去
拖著泥漿的雙腳
他不像飛鷹
便從鷹架上
　爬下來
　　同
　　黃
　　昏

累
著
回
去
抬頭望高樓
燈光排星圖
他低頭進土屋
看自己與
米酒
鹵菜
在排著昨天
今天
明天

二、馬路工人

為聽歲月的輪聲
他把肉體骨骼
鋼筋水泥

都聯想到路裏去
從他手中出去的路
每一條都跑來
　　千萬條
千萬條路中
他只記得一條
至於通不通羅馬
　　到不到天堂
他都得在午餐晚飯前
收工
騎上車
　　擠進塞車的
　　　　十字路口
　　　　　　去搶出口

三、玻璃工人

窗是湖
水晶大廈是海
他不停的造湖
　造海
讓都市划著
　波光
　浪影
走進更輝煌的城

眼睛亮起天國的夜市
有人在歐式化妝鏡中
　看一朵朵明麗
　飄著香水來
他入睡
也夢見自己的臉
　在自來水中
沖洗著歲月的落塵

「麥當勞」午餐時間

一

一群年輕人
帶著風
衝進來
被最亮的位置
拉過去
同整座城
坐在一起

窗內一盤餐飲
窗外一盤街景
手裏的刀叉
較來往的車
還快速地穿過

迷妳而帥勁的
　中午

二

三兩個中年人
坐在疲累裏
手裏的刀叉
慢慢張開成筷子的雙腳
走回三十年前鎮上的小館
六隻眼睛望來
　六隻大頭蒼蠅
　　在出神
整張桌面忽然暗成
　一幅記憶
那瓶紅露酒
又不知酒言酒語
　把中午說到
　　那裏去了

當一陣陣年輕人
來去的強風
從自動門裏
吹進吹出
你可聽見寒林裏
飄零的葉音

三

一個老年人
坐在角落裏
穿著不太合身的
成衣西裝
吃完不太合胃的
漢堡
怎麼想也想不到
漢朝的城堡那裏去
玻璃大廈該不是
那片發光的水田

枯坐成一棵
　室內裝潢的老松
不說話還好
一自言自語
必又是同震耳的炮聲
　　　　在說話了
說著說著
眼前的晌午
已是眼裏的昏暮

後記：寫完此詩，深深感到現代文明，像是頭也不回地向前推進的齒輪，冷漠而無情，文化則是對存在時空產生整體性的關懷與鄉愁。從文化的窗口看此詩，我們看到「麥當勞午餐時間」同一時空出現的中國人，竟有三處斷層的生命現象；從文化的窗口看此詩，我們看到貫穿整個時空與歷史文化大動脈而存在的一個分不開來的中國人。誠然人必須自覺地從文明層面轉化到文化層面上來，否則，人將被冷酷的機械文明不斷的進行切片。

帶著世紀末跑的麥可傑克遜

一

都市在物化的城中癱瘓
在機械的噪音中失聽
要不是你又跳又叫的跑來
給它打一針
怎會那麼爽
一下亢奮了起來
那也是一種藥物反應
另一種形式的作愛
在盲戀中
在官能的原鄉

世界上半身　空靜
　下半身　動盪
你的尖叫
　刺入都市空瘦的心
　　空洞的陰部
壓不住的宣洩與顛狂
整座城不醉不瘋才怪

二

你是動作的全能
千萬隻手的動力
　在你的手裡
千萬條腿的腿力
　在你的腳中
要翻天覆地
要把觀眾拋上天

丟下海

只要你開口
千萬顆心　都甘心
千萬種情　都情願
你口一開
除了歡呼
再大的聲音都退後
你手一舉
整座城在空中搖擺
你腳一踢
都市是一隻球
你追趕過來
世界都空出來給你
看你把美麗的世紀末
釘在千萬眼睛的看板上
給最賣點的新聞看

今夜
世界上最大的音爆
連續發生在電視臺
世界上最靜的地方
是坐在山水與古玉中的故宮
抱著交響樂沈睡的維也納城

一九九三年九月

註：麥可傑克遜是風靡全球的熱門歌王。

古典的悲情故事

休閒中心到不了文化中心
天橋到不了鵲橋楓橋
證券行到不了桃源行琵琶行
卡拉OK到不了坐看雲起時
塞車的街口到不了
　　萬徑人蹤滅

他找路　路也在十字路口找他
他看錶　錶不知是什麼時候停的
他找自己　上半身往上跑
　　　　　下半身向下跑
跑來跑去
他總是有意無意

穿著唐裝　跑進歐洲牛排館
套上西裝　跑進王老吉茶藝館
吃吃喝喝之後
看一輛輛賓士
擦亮一排玻璃大廈而過
他正好加快腳步
在紅磚人行道上

前些日子　一架七四七巨無霸
曾載他與空中廚房
爬上三萬呎高空去進餐
他不知該點嫦娥奔月
還是太空船奔日
一陣陣突來的亂流
使他在空中失去平衡
嘔吐之後
他便昏頭轉向的跌進

山山水水的自然
林林總總的都市
將身體留在城裡享用
把腦袋改裝成假古董店
好去古玩那模擬式的空靈
且夾帶一些文人身邊的文墨
好回去找八大的筆筒
穿杜甫的舊鞋
戴李白的舊帽
酌飲他們杯中的殘酒
不也醉成那忘我的樣子
沾上一點歷史與永恆

那真的連酒也想不到
只是國際牌冰箱裡的
一瓶舒跑
便潑醒他在豪華公寓裡

望著畫在地毯與磁磚上的山水
看著盆景裡小小的自然
坐對窗外不斷向空中旋上去的
　　一幢幢高樓
他忽然發覺自己
只是仿造在都市公園裡的
　　一座陶然亭
　　環繞著假山假水
　　給都市的假日看

一九九二年四月

註：在田園與都市、中國傳統文化與西方現代物質文明相激盪的思想大動面與氣象球上，透過存在的解構、疏離分歧、斷層的無奈情景，敘說出這一含有後現代意味的「古典的悲情故事」。

觀念劇場

——世紀末終審，地球・人・詩的演出

20世紀站在絕崖上
滴答一聲　　　　跳
　　　　　　　　過
　　　　　　　　去
落點　在0的位置
　　　鳥開始飛
　　　花開始開
　　　河開始流
人跑回原本　看自己
地球跑回原來

看造型畫面
是誰最初打下第一根樁
長出地圖來
邊緣多是刀鋒劃的
劃下一條條血路
叫世界在彈道裡走
讓炮管用濃煙畫雲
　槍管用血畫河流
大自然帶著逃亡的風景
一路告到一九九九年
歲月仍在用彈片刻人像
　　　　看導彈導航
廿一世紀開庭宣判
全案交由詩看管（註）

地球跑到城裡來
大自然擋住在成外
建築物圍成街口
把天堂與原野吃掉
將煙囪與地下道排泄給
　　　　青山綠水
回到冰箱裡看冰山冰水
湧進週末的鞋印看落葉
浮在廣告堆上看流雲
追著新潮熱浪抓風向
速度趕著整座成在跑
　　帶著人車在衝
肩與肩　　斷層
臉與臉　　重疊
即使斑馬線緩下步來
腳下也不是林蔭道
至於長河落日圓不圓

日光燈早把菜油燈
望成第一波古遠的鄉愁

困在密封陰冷的機器房
世界電解成一大堆數據密碼
　虛擬成沒有肌膚的影像
一不留神人便被電動玩具
　　打成肉動玩具
一起推上都市文明的貨櫃車
還來不及想起六十年代的稻草人
電腦與機件已預謀
　將人驅離肉體的故鄉
　製造第二波更遙遠的鄉愁

廿一世紀開特別庭宣判
複製人不能上市
詩在主審

地球跑到聯合國大廈
會場外　鳥飛起海上的
　　　　自由神像
會場內　各種條文主張
　高談闊論大大小小的鳥籠
　　　　長長短短的河道
就是看不見天空與大海
世界便一直開闊不出去
仍留在計算機的範圍裡
困在地圖與槍炮的射程中
自由還是要帶證件
歲月還是要裝鐵門鐵窗
廿一世紀開庭終審
人與地球一致要求宣判
　詩是航行的大海
　詩是飛行的天空

註：孔子認爲「詩是天地之心」；法國詩人阿拉貢更說「詩就是天國」；於我一九九八年參加在華盛頓舉行的世界文學會議時，諾貝爾獎獲主WOLE　SOYINKA也指出在未來的廿一世紀，只有詩（與藝術）能確實與澈底的救助人類。的確，我們深信世界上「最」美的人群、社會與國家，在最後應是詩（與藝術）而非單靠機器造的；廿一世紀，應是一個自由和平與美麗的世紀；應讓詩（與藝術）來導航——因爲詩（與藝術）不但能美化科學、哲學、政治乃至宗教的世界；而且能全面與澈底美化人類內外的生存空間，尤其是它在「美」中無限地超越的精神境界，最了解自由，最接近眞理、完美與永恆。

又寫完此詩，發現這竟是一首以詩來寫詩論——「論詩的高超價值」的詩。

山的世界

一 山的意象

盤住整個大地
它旋昇到最高的頂點
　把太陽握成冰
那透明的晶體
竟是一顆火石
天空又那麼敏感
一擊就亮
誰要光彩
便給誰

其實　那也只是一些水吧
而江河與海卻都住在裡邊

要不是谷底那滴泉聲
　　說了出來
　　　誰也不知道

註：「意象」世界，是詩人心靈的原子爐，能使不相容的冷熱、剛柔、動靜相溶合，全面運作，而放射出知性與感性生命的巨大的潛能。這件事，就讓山去說吧！

二　山的語言

它幽美的線條
一直被海浪
　　高談闊論
畫得不像
　　又塗掉
它從不說什麼
只美在自己的韻律裡
風雲鳥
也畫過它
但筆觸太輕飄

都留不下來
倒是它簡單的一筆
又剛又柔的
把風的飄逸
雲的悠遊
鳥的飛翔
全都畫在那裡

註：當康丁斯基以及海浪與風雲鳥都無法把語言的線條確實畫出來，這件事又只好讓山來說了。

三

以塔的造型
凸現
上去　是圓渾的天
下來　是圓闊的地
屹立不動時
所有的石面
都抓牢水平

要向前走
排排的樹景
一路跟著鳥飛
飛就飛吧
塔的每一層
都是凌空的鷹翅
最後與天地迴旋一次
不就旋進了大自然
原本的結構

註：當整個空間空了出來，要你在詩中將世界架造在永久不垮的結構裡，你會不會一想就想到山呢？它以穩固的「垂直」與「水平」抓住時空的重心，在沉靜中守住一切存在的秩序與動向。

後記：主編張漢良教授要我寫一首詩來論詩，眞是一項很絕的構想。過去在文章中，我對詩的看法是這樣的：「詩絕非第一層次現實的複寫，而是將之透過聯想力，導入潛在的經驗世界，予以觀照、交感與轉化爲內心中第二層的現實，使其獲得更爲富足與無限的內涵，而存在於更爲龐大且永恆與完美的結構與形態之中；也就是我一再強調的；詩人與藝術家創造了人類存在的「第三自然。」現在以詩來論詩，我只能從詩的最主要的三個部份——「意象」、「語言」與「結構」，寫成三節詩來談。

以「山的世界」爲題。寫成後禁不住要問：

⑴「山的世界」也就象徵著詩的世界嗎？

⑵「山的意象」也就暗示著詩的意象嗎？

⑶「山的語言」也就意味著詩的語言嗎？

⑷「山的結構」也就呈現著詩的結構嗎？

河

只有回到第一聲泉音中
　才能認出你的初貌
順著眼波而去
你音樂的身段
　是一條原始的歌
　　唱高了山
　唱深了林
唱遠了鳥的翅膀

直到那朵溫柔的雲
被天空揉了又揉
　揉出了水聲
你才在那陣衝擊中

認識到自己的身體

美麗的S　是把鋸也好
　　　　　螺絲刀也好
那些痛快的紋路　一扭動
便飄響成拋物線　被空中的鳥接住
整個曠野都驚顫在那迴旋的
　　　　　　　　　弦音中

凡是坡度　都長滿了韻律
凡是彎處　都敏感
　　　　　都很滑
　　　　　都多漩渦
　　　　　都救不出千山萬水
除了大地　誰能讓你那樣去
除了海底　誰知道你來
除了那條水平線　誰看見你已來過

一九七三年

註：此詩是以抽象與具體描寫女體的詩，完成後，忽然間有點感觸；乾脆說它是一種覺醒；佛洛依德認為人的潛在意識活動偏於性慾，遂影響不少現代作家偏於表現性慾的形而下性；容格則反之，認為人的潛在意識活動較偏於性靈，遂影響有些現代作家偏於表現性慾的形而上性。此詩好像是在無意中涵蓋了兩者的景觀，以一條幹線串連兩者成為交映的世界，使人類內在形而上與形而下的活動，透過藝術的過程，轉化與溶合而不相剋地存在於一個較完妥的美的整體內。

海

只有讓鋼琴聲走到深夜裡去
我才能走入你藍色的幽遠

那透明的空闊
已忘形成風

水平線是最後的一

根

弦

用整座天空去碰也碰不出聲來
整個寂靜在那一握裡
伸開來　江河便沿掌紋而流
滿目都是水聲
山連著山走來　飛成你的遙遠
翅膀疊著翅膀飛去　走來你的形體
在遠方　那顆種子已走成樹林的秩序
那滴水　不也是種子
也走成你
走成你的波動
你翅的層次
誰說飛不是天空
天空不是坐在你的鞦韆架上

輕得像那朵雲
飄浮時　做夢也不下來
起伏時　便有一根繩纜在流血的掌心裡
像葉脈死死拉住那棵樹
航入千帆
帆是你頂向風雨的臉
有時柔得像舌
舐入水天的兩片唇
遠方便展開成花瓣

想起種星
種月
種雲
種鳥
種風
種浪
竟種出那麼多乳房
難怪太陽用力一吻
便吻成那片藍色的墳園
當黃昏踩著落帆走來
你便在最後的一張網中離去

觀海

——給所有具自由與超越心境的智慧創造者

飲盡一條條江河
你醉成滿天風浪
浪是花瓣 大地能不繽紛
浪是翅膀 天空能不飛翔
浪波動起伏 群山能不心跳

浪來浪去 浪去浪來
你吞進一顆顆落日
吐出朵朵旭陽

總是發光的明天
總是弦音琴聲迴響的遠方
千里江河是你的手
握山頂的雪林野的花而來

帶來一路的風景
其中最美最耐看的
到後來都不是風景
而是開在你額上
那朵永不凋的空寂

聽不見的　都已聽見
看不見的　都已看見
到不了的　都已進來
你就這樣成為那種
無限的壯闊與圓滿
滿滿的陽光
滿滿的月色
滿滿的浪聲
滿滿的帆影
究竟那條水平線
能攔你在何處

壓抑不了那激動時
你總是狂風暴雨
　　千波萬浪
把山崖上的巨石　一塊塊擊開
放出那些被禁錮的陽光與河流
其實你遇上什麼
　　都放開手順它
任以那一種樣子　靜靜躺下不管
你仍是那悠悠而流的忘川
浮風平浪靜花開鳥鳴的三月而去
　　　　　　　　　　去無蹤
　　　　　　　　來也無蹤

既然來處也是去處
　　去處也是來處
那麼去與不去
你都在不停的走
從水平線裡走出去

從水平線外走回來
你美麗的側身
已分不出是閃現的晨曦
還是斜過去的夕陽
任日月問過來問過去
你那張浮在波光與煙雨中的臉
一直是刻不上字的鐘面
能記起什麼來
如果真的有什麼來過
風浪都把它留在岩壁上
留成歲月最初的樣子
時間最初的樣子
蒼茫若能探視出一切的初貌
那純粹的擺動
那永不休止的澎湃
它便是鐘錶的心

時空的心

也是你的心
你收藏日月風雨江河的心
你填滿千萬座深淵的心
你被冰與火焚燒藍透了的心

任霧色夜色一層層塗過來
任太陽將所有的油彩倒下來
任滿天烽火猛然的掃過來
任炮管把血漿不停的灌下來
都更變不了你那藍色的頑強
藍色的深沉
藍色的凝望

即使望到那縷煙被遠方
拉斷了
所有流落的眼睛
都望回那條水平線上
仍望不出你那隻獨目

在望著那一種鄉愁
仍看不出你那隻獨輪
究竟已到了那裡
從漫長的白晝
到茫茫的昏暮
若能凱旋回來
便伴著月歸
星夜是你的冠冕
眾星繞冠轉
那高無比的壯麗與輝煌
使燈火煙火炮火亮到半空
都轉了回來
而你一直攀登到光的峯頂
將自己高舉成次日的黎明
讓所有的門窗都開向你
天空都自由向你
大地都遼闊向你

河都流向你
鳥都飛向你
花都芬芳向你
果都甜美向你
風景都看向你
無論你坐成山
或躺成原野
走動成江河
無論你是醒是睡
只要那朵雲浮過來
你便飄得比永恆還遠

附語：

●詩中的「海」已成爲對人類內在生命超越存在的觀照。尤其是海的壯闊與深沉的生命潛能，海的永恆的造型與海的心，對於那些以不凡智慧才華與超越心靈去接受生命與時空的挑戰，去創造不朽存在的詩人與藝術家們，更是有所呼應與共鳴的。

同時我認爲一個現代作家除了追逐外在的動變，更應感知那穿越到「動變」之中去的莫名的恆定力，是來自宇宙與大自然整體生命的穩定的結構與本然的基型之中。唯有如此才能使創作的智慧產生一種含有「信仰性」的較深遠的嚮往與感動。

●觀海人的話：

我寫「觀海」是因爲：

(1)海能包容人生的各種境界。

(2)海的額頭最好看，看久了，會看到羅素與愛恩斯坦的額頭。

(3)海的眼睛最耐看，我們的眼睛，看了一百年，都要閉上。而海的獨目望了千萬年，仍一直開著，可看見全人類的鄉愁；時空的鄉愁；上帝的鄉愁。

(4)海最了解詩人與藝術家的心；雲帶著海散步，可看見中國的老莊；海浪沖激岩壁時，可看見西方的貝多芬，用「英雄」與「命運」交響樂，衝破一切阻力。

(5)海用天地線牽著萬物出來，牽著萬物回去，一直沒有停過。

曠　野

——以原本的遼闊，守望到最後，
凡是完美的，都將被它望入永恆。

一

把柔靜給雲
把躍動給劇奔的蹄聲
你隨天空闊過去
帶遙遠入寧靜

地球不停的轉
把最絢爛的那一面給你
使你成為那張最美的海報
展示著春夏秋冬的演出

是河便自己去流
是湖便自己停下來
是風景便自己去明麗
是晝夜便自己去明暗
時間不在鐘錶裡
天空不在鳥籠中
你遼闊的胸部
放在太陽的石磨下
　磨出光的回聲
　　花的香味
　　果的甜味

二

當第一根椿打下來
世界便順著你的裂痕
在紊亂的方向裏逃

風裏有各種旗的投影
雨裏有各種流彈的投影
河裏有各種血的投影
湖裏有各種傷口的投影
山峯有各種墳的投影
樹林有各種鐵絲網的投影
峭壁有各種圍牆的投影

鳥帶著天空　逃向水平線
人帶著護照　逃往邊界
你帶著煙雲　回到原來
讓所有的槍與箭　埋在血堆裏
　長成各種盆景
　美在歷史的臺階上
你把四季的風景　送入上帝的花園

三

高樓大廈圍攏來
迫天空躲成天花板
迫你從印刷機上
　縮影成那塊窗簾布
　　仍開花給窗看

一隻盲鹿在畫框裏
盯望著四面牆
視線穿壁而出
洋灰道上　不見羊
馬路上　不見馬
摩托車急成一根快鞭
鞭著眾獸在嘶鳴中奔動
綠燈是無際的草原
紅燈是停在水平線上的
　　　　落日
想奔　河流都在蓄水池裏

想飛　有翅的都在菜市場
喘息於油門與煞車之間
克勞酸喝得你好累
咖啡把你沖入最疲憊的下午
你的孤寂堆放在午夜的停車場上
當明天被早班公車司機一腳踩出油門
　　是你忙著找路
　　還是路忙著找你

在廣告牌圍觀的場景裏
眼睛是一部切肉機
　把你的千山萬水
　　切片入建築物的層次
　　　櫥窗的秩序
　　　　都標上了價

如果口袋裏的鈔票是你的雲
沿腰而下　便是你的河
沿乳峯而上　便是你的山
於上上下下之間
你便循環成那座電梯
在封閉式的天空與限定的高度裏
　　鳥只有一種飛法
　　只有一種叫聲
床濃縮了你全部的空闊
餐具佔據了你所有的動作
當排水溝與垃圾車在低處走
腦袋與廣告汽球在高處飄
你是被掀開的一張空白紙
被毛筆鋼筆寫著新的「大同篇」
　　高樓與山同坐
　　街道與河同流
　　煙塵與雲同飄

鬧市與海同盪
眼波與海浪同形
櫥窗與風景同貌
餐廳與田園同宗
旅館與荒野同族
男人與太陽同姓
女人與月亮同名
床被與四季同睡
唇瓣與花瓣同開
酒液與露水同漾
孕婦與黎明同光
焚屍爐與夜同暗
廣場與天空同行
鐘錶與地球同轉

四

廟選中了山的清高

十字架對正天堂的座標
你把空茫磨成一面鏡
望著光開始流動的地方
泉水開始湧現的地方
花開始開的地方
鳥開始飛的地方
讓所有的路都能看見起點
所有的聲音都歸入你的沉寂

那縷煙
已把你的廣漠全告訴了遠方
把你的粗獷飄給最原始的溫柔
是風雨便同著方向走去
是日月便對著面走來
時序與季節緩緩換位
你總是站在那條牽著天地而去的
水平線上
收容著一排又一排的遙望

大峽谷奏鳴曲

——詩與藝術守望的世界

一

千萬座深淵在這裏沉落
　　無數向下的↓↓↓
　　　　　追著死亡
所有的石屋解體在石壁上
　都找不到原來的建築圖
　　　　萬徑人蹤滅

大峽谷
你兩邊的建築與走道
是日月星晨雷電風雨
　　　千萬年營造的
岩壁打開的兩扇通天門

永遠開著
世界要來就來
要去就去
至於
惠特曼有沒有
駕著西部的蓬車來過（註一）
柳宗元有沒有
把寒江釣到這裏來（註二）
從不說話的蠻荒與孤寂
都不知道
天空也沒有人管
鳥帶著山水飛來
飛機帶著都市飛去
你是牽著鳥翅與機翅在飛的
那條線
飛到接近太陽出來的東方
另一條線

接著從萬里長城
揮出來
帶著大自然的風景與
起伏的歷史
滿天飛
飛到鳥翅與機翅
都飛不過去
另一條線
便從茫茫的天地間
飄出來
閒在那裏
這三條線　握在你手中
已是三條最長的鞭子
地球要凹到底
凸到頂
去到◯

都真的是鞭長可及了

二

看天空與曠野寫下合同
你將無數剛柔的
　　疊層與色面
建築入絢麗雄偉的型構
水墨流過
便是東方的山水畫
幾何圖形進來
便是西方的立體造型
如果流過谷底的科羅拉多河
　　是弦線
裝在二胡與小提琴上
　都一樣拉出最原始的
　　音色
　　音階
　　與回響

世界便好看好聽的
　拉在一起了
那裏來的東拉西扯
　　東吵西鬧
　　　亂成一團
　看不清聽不楚
至處是視覺強暴
　　聽覺強暴

三

大峽谷
你驚人的深度
帝國大廈與紐約商業大樓
　聯手也摸不到底（註三）
下去是沒有階梯的沉靜
再威風的凱旋門
也無法從那奧秘中旋中來
長期的沉思默想

一塊塊靜觀的石面
　　　都是鏡
凡是影像
都逃不掉
最奇異的
開始都是眼睛在說
後來是寧靜自己
　　發出聲音
叫周圍空成山水畫中的
　　　　留白
怎麼說　還不如不說

四

大峽谷
再大的地震
也未裂開這樣大的口
你白天銜住太陽
晚上銜住月光

晝夜便有用不完的光
歲月也一直在光裏走
　　有好看的樣子
讓有形無形的彈片
　　都轉化為剛性的岩層
　　　　柔性的葉片花瓣
將畫面與結構重新組合
把坦克車與垃圾車
通通換成遊覽車
　　在風景裏開
大都市兩排建築夾住的
　　是一條花街
大峽谷兩邊岩壁夾住的
　　也是一條花街
管它走來紅男綠女
　　紅花綠葉

都一同走回自然
　　給原始看

五

大峽谷　為裸出真象
你撕開胸　挖出心來
　　給天看地看
當你開口説愛
那闊長的嘴
如果都吻遍
那將是世界上
最長的一條愛河
最遠的一條博愛路
當你開口説痛
所有無形有形的
　　大小傷口
都跑來
也説不盡

最後都說成
　亨利摩爾雕刀下
　一個個奔馳在旅途上的
　　　　　　　車窗（註四）

六

大峽谷
倘你是世界上
　最大的掩埋廠與焚化爐
埋下去的也只是感性的抒情河道
　理性思維的岩層紋路
將世界焚化　冒出來的
　也只是雲霧
　不是濃煙
過後　仍是明麗的風景
　藍藍的天空
　從不污染

即使在風雨交加的動盪時刻
一切失去方向感
風歪雨斜
眼看周圍
跟著倒的籬笆
你仍以岩層堅忍的斜面
忍過去
留下一塊最美的滑板
給腳站不穩的世界
滑落
你仍直望高處

七

大峽谷
深藏不露而露
你不是偽裝的陷阱
而是深層世界的坦誠
凡是危崖絕壁

都預先告訴眼睛
走近腳下也響起警鈴
安全率較身邊的隨從還高
至於驚險與驚奇
那是開在谷底
兩朵最美的花
要站在崖邊
才能看見
若懼高怕深
便跟隨導遊與遊客
在安全距離裏走
照著旅遊的平面圖
定好的路線
走回市區
擠入購物中心
穿越誰也不認識誰的人潮
去找自己的旅館

關在房裏
平躺下來
底下也是一個大峽谷
不到半尺深
埋了不少人

八

行程來與去
世界一直在旅遊
鐘擺間　有走動的橋
兩腿間　有走動的橋
世紀末也是一座走動的橋
吊在現代與後現代之間
邊走邊搖
邊搖邊幌
大峽谷　你呢
把整座天空架牢在兩崖間
有人說

它是一座空橋
　沒有人走
有人說
看得見看不見的
上下左右都在走
其實　它是自由與空闊
把世界裸開來看
看人
拉
著
都市
拉
著
田園
拉
著
荒野

在茫茫裡走

九

沿著深度走下去
順著高度走上來
大峽谷你垂直的視線
同地球的軸直在一起
下端碰到地
上端頂著天
只要跟著地球轉
無數變化的圓面
便在時空的縱向與橫向裡
旋成停不下來的螺旋塔
所有的眼睛都在塔上
看前進中的永恆
往那裡走

一九九三年九月廿日

註：

㈠惠特曼是西方（美國）開荒時期一位粗獷充滿生命力的詩人。

㈡柳宗元是東方（中國）古代一位孤高的詩人，寫過「獨釣寒江雪」的詩句。

㈢大峽谷的深度，高過四個帝國大廈。

㈣亨利摩爾，是國際藝術大師，他不少作品，透過意象，把「傷口」在雕刀下，都轉型爲瞭望生命與風景的窗。

㈤詩中「大峽谷」是自然界劃下的一條線，「萬里長城」是人間劃下的一條線，「天地線」是宇宙劃下的一條似有似無的一條線。從空中看這三條線，最凸出；從心裡看，這三條線，近乎是時空的三線道。

附：一九九二年八月到十一月間，我與女詩人蓉子應邀赴美參加愛荷華大學舉辦的國際作家交流會，曾從愛荷華飛往拉斯維加賭城參加小型旅行團，往遊世界著名勝地——大峽谷，有感而寫此詩。

這首兩百多行的長詩，是我企圖跨時空、跨國界、跨文化與藝術流派框限，以世界觀與後現代解構理念所寫成的詩。

過三峽

一

江水帶著船與山
行入蒼茫
江風帶著臉與浪面
走進空濛
路有多遠
千山萬嶺
從高遠
深遠
走
到
平
遠

時間有多老
回話是蒼古的岩壁
從千萬年來
所有的鐘錶都停止
在聽大自然的心
在跳

近山看遠水
近水看遠山
山山水水
水水山山
將我們看成山水畫中的
空白

讓周圍的重山
都輕浮到雲裡去
若悠遊過於和緩閒暇
便轉回頭去看船尾的逝水

　　追著記憶跑
跑入內心的歷史河道
江水曾是血淚流的
眼看艙底仍擠在窮苦裡
船在逆流中
　　拖著沉重的歲月
便不能不慢下來

二

一峽一峽
　　又一峽
掙開左右堅固的子宮壁
抓住兩邊的平衡張力
沿著安全的中心線
突破艱險的瓶頸出來
船頭直指向明麗的遠景
遙望　一瀉千里

進入遠山
　遠水
便渾然與天地同流

時間　空間
都空回原來
畫筆與雕刀就別想動了
八大的潑墨
蒙特里安的造型
克利斯多的LAND　ART
都一一退出風景
只留下山水
一剛一柔
一動一靜
在畫著那一幅幅不能畫的
　　　　　　山水畫
在雕著那一座座不能雕的

雕塑

給大自然看

看到長河落日圓
山隨水盡
煙雲變滅
遠處的一盞船燈
便亮開整條江
在夜讀
讀來星垂原野闊
月湧大江流
讀到天亮
方讀出天地線上那個一字
人與船與風景便都醒來
跟著太陽一起讀
讀來千山萬水
天高地遠
大江南北

源遠流長
平面看　都是畫
立體看　都是雕塑
屬於眼睛的　都由相機運回去
屬於心的　便由詩來轉運
沿水路　是長江萬里
讓風景去走
走心路　比歷史遠
便由風雲鳥去飛

註：蒙特里安（MONDERIAN.P.）是國際現代造型藝術大師級的藝術家。克利斯多（CHIRSTO）是國際地景藝術（LAND ART）的大師，以包紮大自然風景爲創作的觀念，稱著國際藝壇。

附記：此詩是在一九九四年六、七月間，同蓉子赴大陸，共渡長江三峽五日遊，有感而寫。

飛在雲上三萬呎高空讀詩看畫

世界只留下
最後一塊版面
給日月星辰排用
其他的都暗入雲山
即使煙囱與砲管
在雲下排著一行行
　生活必讀的詩
但拿到雲上來看
都得化為那無限的遙望
望到無邊的廣闊
只剩下透明

世界便留下
最後一個畫廊
給自己用
其他的都埋入雲山
誰曾在此畫過
展過
而一幅幅不能畫的畫
都氣勢逼人的
自己跑來
逼使我雙目
跪下來看
千山萬水
何處去
千飛萬翔
翅在那

問筆
問墨
都說大自然在畫框裡
瘦如走不出去的盆景

而太空船又能運回
　　多少天空
　　多少渺茫
在沒有終點站的渾沌裡
問時間　春夏秋冬都在睡
問空間　東南西北都不在
整個世界空在那裡
如果還要畫
誰的眼睛能是調色盤
誰的視線是揮灑的線條
宇宙看看我
我看看宇宙

不畫
全是畫

一九八六年

註：飛在雲上三萬呎高空，看到宇宙大自然龐大無比與永恆存在的景觀，深深體認到人的能力，於面對「無限」時，仍是有限的。難怪人有時要向「上帝」祈求與禱告；有些畫家與藝術家會產生Anti-Painting與Anti-Art的念頭。

樹·鳥二重唱

一

遼闊裸成你的雙目
　便直奔回第一滴水聲
　　叫住原始

凡是直立的　都由樹開始
凡是飛翔的　都由鳥開始
鳥飛過一棵一棵的樹
　由緊密而幽深而冷
　便抱住整座森森
樹飛起一隻一隻的鳥
由寬闊而渾圓而茫
便抱住整個天空

樹一路抱住森林回去
累了 便躺在金黃色的葉堆上
鳥一路抱住天空回去
累了 便睡在雲堆裡

二

鳥睡去
天空以雲彩釀造她的春日
樹睡去
森林等待金屬的奔流
　　　　破山而出

三

樹醒來
又高高站起
以圓錐形向上伸展
以浪與漣漪的層次向四周波及
直到延伸的枝葉
　盤住全部空闊

直到雲深不知處
那隻鳥便在一聲驚叫中醒來
飛起滿目山水
將天空又渲染一次
　又美麗一次

四

天空死抱住鳥不放
森林死抱住樹不放
要放　便放江流到天地外
　放山色到有無中

五

從黑色之深
到白色之闊
從森林之幽
到天空之茫
樹是被太陽從老遠老遠射來的
　　　　　　　　一枝標槍

竟是一支高出仰望的旗桿　著地而立
鳥將天空飛成一面壯麗的旗
　　　　　　　　　　　　隨風飄盪

一九七六年

註：此詩寫成，於幾年之後，看到西班牙畫家，烏爾古落（EDUARDO URCULO）在版畫家畫郎展出一系列以女性為大自然景觀核心的作品，至為驚喜，那是一種不約而同的緣自藝術與生命的永恆的呼應與共鳴。

歲月的兩種樣子

一

天空來到你的額
群山來到你的眉
樹林來到你的髮
江河來到你的手腳
海來到你的眼睛
大地來到你的身體
日月來到你的心

你醒　日出
你睡　月出
在歡躍中　你是春

在狂熱中　你是夏
在深沉中　你是秋
在冷靜中　你是冬
在四季中　你是花

二

高樓來到你的額
招牌來到你的眉
電線來到你的髮
街道來到你的手腳
櫥窗來到你的眼睛
床來到你的身體
她來到你的心

你醒　她在
你睡　她也在

在歡躍中　她是你的春
在狂熱中　她是你的夏
在深沉中　她是你的秋
在冷靜中　她是你的冬
在四季中　她是你的花

一九七七年

目·窗·天空的演出

臉一靠窗
目便與天空換了位置

●

窗心照不宣
站在遼闊裡看
天空不動
目也不動
天空動
目仍不動
天空用太陽的腳猛踩
　踩也踩不到底
天空伸出月光的手
　夜便越摸越深

●
天空忍不住吐雲吐雨
　於雷電交加之後
最累的是空闊
最平靜的是那目

●
天空以直線走來
　走入樹的頂立
天空以迴旋走來
　走進樹的年輪
天空以曲線走來
走過了雲路鳥道
天空隱著身體走去
　走出了煙

●
天空走不見了
目動也不動

以金屬質的透明
將寂靜望成音樂
窗坐在空闊裡唱
無論以那一種鳥去飛的天空
也高不過它
無論以那一種風去追的天空
也追不過它
無論以那一種天地線去圍繞的天空
也闊不過它
無論以那一種山水去美的天空
也美不過它
無論以那一種聽與看的天空
也聽不過看不過它

●

窗走出空闊　回到自己那裡去
不聽也不看
讓天空與目　目與天空

換過來　換過去
直至那輪落日
沿窗下去

一九七四年

第九日的底流

不安似海的悲多芬伴第九交響樂長眠地下，我在地上張目活著，除了這種顫慄性的美，還有什麼能到永恆那裡去。

序曲

當托斯卡尼尼的指揮棒
　砍去紊亂
你是馳車　我是路
我是路　你是被路追住不放的遠方
樂聖　我的老管家
你不在時　廳燈入夜仍暗著
　爐火熄滅　院門深鎖
　世界背光而睡

你步返　踩動唱盤裏不死的年輪
我便跟隨你成為迴旋的春日
　　在那一林一林的泉聲中
於你連年織紡著旋律的小閣樓裏
　　一切都有了美好的穿著
日子笑如拉卡
我便在你聲音的感光片上
　　成為那種可見的迴響

一

鑽石針劃出螺旋塔
所有的建築物都自目中離去
螺旋塔昇成天空的支柱
高遠以無限的藍引領
渾圓與單純忙於美的造型
透過琉璃窗　景色流來如酒

醉入那深沉　我便睡成底流
在那無邊地靜進去的顫動裏
只有這種嘶喊是不發聲的
而在你音色輝映的塔國裏
純靜的時間仍被鐘錶的雙手捏住
萬物回歸自己的本位　仍以可愛的容貌相視
我的心境美如典雅的織品　置入你的透明
啞不作聲地似雪景閃動在冬日的流光裏

二

日子以三月的晴空呼喚
陽光穿過格子窗響起和音
凝目定位入明朗的遠景
寧靜是一種聽得見的迴音
整座藍天坐在教堂的尖頂上
凡是眼睛都步入那仰視
方向似孩子們的神色於驚異中集會

身體湧進禮拜日去換上一件淨衣
為了以後六天再會弄髒它
而在你第九號莊穆的圓廳內
一切結構似光的模式　鐘的模式
我的安息日是軟軟的海棉墊　綉滿月桂花
將不快的煩躁似血釘取出
痛苦便在你聲音纏繞的繃帶下靜息

三

眼睛被蒼茫射傷
日子仍迴轉成鐘的圓臉
林園仍用枝葉描繪著季節
在暗冬　聖誕紅是舉向天國的火把
人們在一張小卡片上將好的神話保存
那輛遭雪夜追擊的獵車
終於碰碎鎮上的燈光　遇見安息日
窗門似聖經的封面開著

在你形如教堂的第九號屋裏
爐火通燃　內容已烤得很暖
沒有事物再去抄襲河流的急躁
掛在壁上的鐵環獵槍與拐杖
都齊以協和的神色參加合唱
都一同走進那深深的注視

四

常驚遇於走廊的拐角
似燈的風貌向夜　你鎮定我的視度
兩輛車急急相錯而過
兩條路便死在一個交點上
當冬日的陽光探視著滿園落葉
我亦被日曆牌上一個死了很久的日期審視
在昨天與明日的兩扇門向兩邊拉開之際
空闊裏，沒有手臂不急於種種觸及
「現在」仍以它插花似的姿容去更換人們的激賞

而不斷的失落也加高了死亡之屋
以甬道的幽靜去接露臺挨近鬧廳
以新娘盈目的滿足傾倒在教堂的紅氈上
你的樂音在第九日是聖瑪麗亞的眼睛
調度人們靠入的步式

五

穿過歷史的古堡與玄學的天橋
人是一隻迷失於荒林中的瘦鳥
沒有綠色來確認那是一棵樹
困於迷離的鏡房　終日受光與暗的絞刑
身體急轉　像浪聲在旋風中
片刻正對　便如在太陽反射的急潮上碑立
於靜與動的兩葉封殼之間
人是被釘在時間之書裏的死蝴蝶
禁黑暗的激流與整冬的蒼白於體內
使鏡房成為光的墳地　色的死牢

此刻　你必須逃離那些交錯的投影
去賣掉整個工作的上午與下午
然後把頭埋在餐盤裏去認出你的神
而在那一剎間的迴響裏　另一隻手已觸及永恆的前額

六

如此盯望　鏡前的死亡貌似默想的田園
黑暗的方屋裏　終日被看不見的光看守
簾幕垂下　睫毛垂下
無際無涯　竟是一可觸及的溫婉之體
那種神秘常似光線首次穿過盲睛
遠景以建築的靜姿而立　以初遇的眼光流注
以不斷的迷住去使一顆心陷入永久的追隨
沒有事物會發生悸動　當潮水流過風季
當焚後的廢墟上　慰藉自閤掌間似鳥飛起
當航程進入第九日　吵鬧的故事退出海的背景
世界便沉靜如你的凝目

遠遠地亮開了天國的走廊
在石階上　仰望走向莊穆
在紅氈上　腳步探向穩定

七

吊燈俯視靜廳　迴音無聲
喜動似遊步無意踢醒古蹟裏的飛雀
那些影射常透過鏡面方被驚視
在湖裏撈塔姿　在光中捕日影
滑過藍色的音波　那條河背離水聲而去
收割季前後　希望與果物同是一支火柴燃熄的過程
許多焦慮的頭低垂在時間的斷柱上
一種刀也達不到的劇痛常起自不見血的損傷
當日子流失如孩子們眼中的斷箏
一個病患者的雙手分別去抓住藥物與棺木
一個囚犯目送另一個囚犯釋放出去
那些默喊　便厚重如整個童年的憶念

被一個陷入漩渦中的手勢托住
而「最後」它總是序幕般徐徐落下

八

當綠色自樹頂跌碎　春天是一輛失速的滑車
在靜止的淵底　只有落葉是聲音
在眉端髮際　季節帶著驚慌的臉逃亡
禁一個狩獵季在冬霧打濕的窗內
讓一種走動在鋸齒間探出血的屬性
讓一條河看到自己流不出去的樣子
歲月深處腸胃仍走成那條路
走成那未更變過的方向
探首車外　流失的距離似紡線捲入遠景
汽笛就這樣棄一條飄巾在站上
讓回頭人在燈下窺見日子華麗的剪裁與縫合
沒有誰不是雲　在雲底追隨飄姿　追隨靜止
爬塔人已逐漸感到頂點倒置的冷意

下樓之後　那扇門便等著你出去

九

我的鳥　終日被無聲的浪浮雕
以沒有語文的原始的深情與山的默想
在明媚的無風季　航程睡在捲髮似的摺帆裏
我的遙望是遠海裏的海　天外的天
一放目　被看過的都不回首
驅萬里車在無路的路上　輪轍埋於雪
雙手被蒼茫攔回胸前如教堂的門閣上
我的島便靜渡安息日　閒如收割季過後的莊園
在那面鏡中，再看不見一城喧鬧　一市燈影
星月都已跑累　誰的腳能是那輪日
天地線是永久永久的啞盲了
當晚霞的流光　流不回午前的東方
我的眼睛便昏暗在最後的横木上
聽車音走近　車音去遠　車音去遠

一九六〇年

死亡之塔

透過死對生命認知，本是上帝的工作。詩人子豪之死，不知是誰推我去當上帝的助手。的確，死亡帶來時間的壓力與空間的漠遠感是強大的。逼使詩人里爾克說出：「死亡是生命的成熟」；也迫使我說出：「生命最大的迴聲，是碰上死亡才響的」。站在「死亡之塔」上，我更看清了生命。

一

當落日將黑幕拉滿
　帆影全死在海裏
你的手便像斷漿
　沉入眼睛盯不住的急流裏
抓不住火曜日
握不住陽光的方城
也划不動藍波的醉舟
打穀場將成熟的穀物打盡

死亡是那架不磨也利得發亮的收割機
誰也不知自己屬於那一季
而天國只是一隻無港可靠的船
當船纜解開　岸是不能跟著去的
一棵樹倒在最後的斧聲裏
　樹便在建築裏流亡到死
而在那一睡便醒不來的時空裏
神的假臂終究接不住聖瑪利亞手中的幼嬰
生命便如那忙亂的腳步聲
被遺忘在沒有記性的月臺上
當期待與禱告都到齊了
若剪刀將彩帶剪斷　闖進來的不是笑聲
所有的手便迫著去握那個沒有電的插頭
任層層的夜圍攏你　環抱你
歲月已默視無目　張望無窗
世界便似鏡被捏碎　光蹓光的　影跑影的

眼睛迫著放走拐角裏的某些逃遁
　　將視線收回來好苦啊

在稿紙種滿尤加利樹的往昔
　　蓋有你的磨坊

磨碎鐘錶的齒輪　也磨不斷你的沉視
將自我抛入指針急轉的渦流裏　你圖逆轉
那互撞　較擊劍還曉得致命的傷口
那爭執　比鋸齒向樹木問路還急躁
你的不安早已成為嚴重的風季
在尼古丁燃燒著那種醒的夜裏
你的面逃不出燈的瞭望
　便被光埋在稿紙上
　　成為遼闊的風景　成為睡著的火焰
　　　在雲層之上　在岩層之下

入冬　港口已暗　潮聲也冷

寒流也帶來信息
催園林裏留不住的都趕程回去
你也回去　地球也哭著回去
朋友　要是捉迷藏的蒙巾解開
場景裏再也浮不出那張預料中的面孔
叫我們如何推開你睫毛放下的欄柵
　進去將夜撕破　把失去的從煙流中尋回
在那一年的第五季　所有的鳴鐘都是啞的
一條河在音樂中斷的電唱機裏死去
水流乾了　風車便轉不動田園裏的風光
空曠裏　寧靜的羅列　鋪著遙遠的去路
　鳥從那裏飛不返　風從那裏吹不回
我們便用太陽畫影子　點綴你的行程

一

朝陽啣住黎明銀白色的吸乳瓶　奔向嚮午
　從光的峭壁上跌下來
夕陽的血便在西天流盡

朋友　在入晚的廊柱下
你眼睛的紡車被夜卸下搖把　紡不出視線
　坐姿便棄椅而去　燈也死在罩裏

日影隨流動的季節在庭園裏換位
那變距是一道陷阱　事情總是失足的
收割日之後　無物可指出風向
盯視也穿不過田園的陰暗
你便成為入倉的糧食　在火裏飄昇
主啊　彌撒日　那些禱詞已被嚼成橄欖香
人們為何在聖餐裏聞及那焦味
當焚屍爐較郵筒還穩妥
　一封信在火途上快遞
　　我們便清楚地讀到　主啊
　　　你在用骨灰修補天國
主啊　你如果就是那扇啓閉的百葉窗
　在兩根繩來回的反拉裏

　　便有一輪日從產房衝出
而木馬死了　最藍的天也埋在那裏
面紗揭開　花容便在閃光燈中探詢著謝期
抖步絕崖　總有一塊斷石到時認出你的鞋
歲月像噴泉飄落在無力爬昇的回程裏
啞門像電鈴呼叫在萬物紊亂的門號上
　　鋸木聲叫著林　箭簇聲叫著鳥
　　火陷叫著煙流　煙流呼醒域外
在域外　連歸雲都睡著了
朋友　當燃燒的景物在眼爐裏熄滅
　　谷底昇起　岩底昇起　海底昇起
　　　　光與暗的爭吵不再
　　　　　　樹與風的爭吵不再
　　　　　　　　潮與浪的爭吵不再
在夜的光滑的斜面上　連影子都站不穩

你的探步如何把持住那滑度
就在那一次跌跤的怔忡裏
藍天的調色盤給摔碎了　太陽也擠不出油彩
世界便被推入那沒有畫也沒有畫框的茫然裏
讓一切在盲睛中只有一種凄然的稱呼——
死亡！它就這樣成為一切內容的封殼
　　成為吞吃上帝黑袍子的巨影

日子因鎖配不出鑰匙而驚呼
只要窗開著　連天花板都急著往外逃
朋友　當崩塌聲沿斷柱嘩然而下
你是事情過後的寂靜
當永久的假期寫在碑石上
你是那隻跌碎的錶　被時間永遠解僱了
　自由脫離它鐵絲網的娛姆
強風找不到它森林的鏡子
退潮帶不走它拖過的岸

你便步出自己　逃離腳印　逃離路
法蘭西詩集疊成石級的日子安息了
悲多芬製造海的日子安息了
在杯底打撈宴會屍體的日子安息了
在少女與孕婦呈現花與果的日子安息了
在槍管與筆管裏流著兩種血的日子安息了
當那支洋火已躍出光的走廊
鑽石針也走完它華麗的紋路
你的臉便暗如移離放映窗的銀幕
　不再被光浮彫　不再製作風景　不再認識眼睛
在耶穌也放假的假日裏　你便攜著雲
去跳　去跳你那永遠也跳不完的天地線的繩子
當那座十字架建築已在胸前竣工
太陽的金驢子也死在地球的黑磨坊裏
主啊　連你自己都失業與斷糧了

叫我們如何從奉獻箱裏要回你的借款
如何在一個破洋娃娃裏挖出嬰兒時的哭聲
如何在林蔭道上拾回孩童時滾鐵環的輪響
如何伏在鐵軌上收回那些逃奔的日程
主啊　當那雙空鞋似廢船棄在岸上
　不再裝載不安的天色　不再拖運那永遠也運不完的遠方
我們便在沒有浪潮的回潮裏　想念海
　沒有奔流的回流裏　想念河
　沒有聲音的回聲裏　想念谷
　在霧靄裏想念煙突的輪廓　山的輪廓　鳥的輪廓
　在挖墓聲裏想念牆的姿式　門的姿式　窗的姿式
　在一條被焚燬的死虹裏　尋覓陽光中的雨景

三

歲月的伐木者　在髮林裏伐出空地
　是用來捉迷藏　還是用來瞭望天國
當鴿灰色的秋空　展不出鴿子的翅膀
我們便逐漸感知那低垂下來的沈靜

　像十字架的影子　火睡在灰燼中
暖日吃掉整春的花色
使長夏醉紅如一條著火的走廊
　天空被燒焦　季節沉著臉向廢墟走去
雪便成為那種最原本的顏色與聲音
說出那張永遠睡去的臉

時序逃不出四季的方城
雙目望不回千山萬水
花瓶也養不活春天
生命便像斷在刀下的一根繩子
永恆是接的　在那日子來時迫著解開
誰都註定是那張要被放完的唱片
　奇幻得如被漩渦旋轉成的塔
　於渦流靜上時倒塌
如穀物滿足農村

人是堆在鐘齒上的糧食
　滿足著時鐘的飢餓
時間之海啊　因你的茫然無際
我們生來便是那條為你流乾的河
　在子宮開堰的節日裏　急急流向你
直至所有的浪聲全死在你的聾耳裏
　所有的光燦全暗在你的盲睛中
我們仍不知自己也屬於那流浪的風系
離去時　將影子留在一張漏光的底片上

山林浮彫著大地的墳園
珊瑚彫飾著海的墳園
雲與鳥畫著天空的墳園
　以三角亭的遙望
以無風港的守候
以天鵝絨被的等待

那一夜　世界累得如被餐具圍獵過的晚宴
　　眼睛背燈而睡
　　鏡子背形象而望
於綠葉花朵與果子的接力跑過後
誰也無力去抱太陽的橄欖球
　　猛衝歲月的凱旋門
隔著棺蓋　神父總是接不好那條斷了的錄音帶
只好讓一部分消息寄往禮拜日
　一部分投遞沒有住址

方屋裏　迴響沖激四壁
　在抑制下　終又溫順如那條沿岸而下的河
我們便默悟那個在閣掌間昇起的世界
　而感知死　成為死的僕役
　　謙卑得如一盤被傳遞的聖餐
　　　靜候一個從胸前繞道過來的手勢
　　　　去把花朵們繞成白色的圓窗

茫然了遠景
　也茫然了那找不到收容的凝望
讓眼睛就這樣瞎在沉思裏
　像花瓷磚瞎在暗廳中
　　仍知夜的幽寂　燈的俯視

四

太陽無論從那一邊來
總有一邊臉流在光中
　一邊臉凍成冰河
花店便天天忙著
　將兩種花賣給兩種節日
讓眼睛成為玫瑰與白菊爭吵的園子
鏡子一望便響成鬧鐘
　響成一種計時系統
刮鬍刀已日漸感到某種成長的頑強
明天總是為昨日成為遺忘而來

總是將那一半入場券留在場外
　　另一半飄成火的姿態
以右腳救起左腳　總有一隻腳最後成為碑
　　成為曠野的標誌
人是註定帶著各種酒瓶流浪了
　　醉不回那醉過的醉
　　也醉不出那醉過的睡與醒
便只好將雙目投在天地線上
　　形成那輛無人駕駛的自由車
　　雲般不領牌照　風般不看路標
當終站醒在那聲煞車裏
任腳步將路說成千種樣子　路仍是路
任風景在視線上飄成萬種色彩
　　也只有一種成為眼睛
凝眸與子彈喊出的靜止
　　美如睡著的夜

張目的無視　是把燈熄掉來看的影子
誰都不會再是誰　當疤痕已認不出刀的尖銳
那些要命的讚詞與笑意
常溫柔得如撒在射程上的食料
人是被誘導去建設另一種漠野的鳥

五

滿屋燈光將我推倒在那面牆上
　迫我說出那個影子
而什麼都不去想的想
　是一更遠的遠方

以卡通的聯想　也無法猜透那躲在盲睛中的謎底
以南歐的夜晚　也醞釀不出如此熟透了的睡意
而它總是成為那種最懇切的接待
　成為女人光滑的胸臆
　　成為收容一切容貌的鏡面

追思日　亡友的臉不再是一枚光亮的金幣
誰肯老待在冷風裏苦苦去認出昨日的風
誰又能在燈滅後仍一直抓牢那影子
當一年十二個月從壁上走下來
長短針跑在沒有刻字的鐘面上
生命只是一堆天色　摺在那把黑傘裏
　一陣浪聲　疊在風中
酒宴過後　僕役是最忙的掃墓人
花燭夜　愛琴海的琴聲碎於一聲獸叫
我們曾以掌聲擊亮一排勳章
　曾闖入瑪麗亞不認識的黑巷子
　曾為一句流言與讚美弄亂了白晝夜晚
而我們總是握住掌心而不知手在那裏
　總是想不出鳥飛出翅膀的樣子
太陽將入晚留不住的自己　刻在白晝的樹蔭裏
我們從一雙破靴中將路放走　讓荒野獨自回去
當背後像遠去了的步音

我們如何使跨前的腳向後複合
如何使陳列的花籃還原為春天
當封在彈疤裏的久遠戰場
　　被斷臂人的尼龍衣裹住
我們即使是子彈也認不出傷口
誰能在巴黎二九六九年的春天
仍聽清一九六九年的砲聲

當棺木鐵錘與長釘擠入一個淒然的音響
天國朝下　一條斷繩在絕崖上
我們即使站在眼睛裏　也看不出眼睛在看的什麼
　　坐在心上　也想不出心裏在想的什麼

而它是光　我們是被透過的玻璃
它是玻璃窗　我們是被納入的風景
它是造在風景上的塔　我們是被觀望的天外

一九六三年

螺旋型之戀

在我的燈屋裡，唱盤旋出螺旋形的年輪；樂音旋成螺旋形的心靈世界。螺旋形，深且看不到底；進去，也不易出來。所以，螺絲釘便是屬於那種堅定與釘了而不易拔出來的東西。而這種戀，究竟是屬於那一種戀呢？是對愛人、對生命、對整個世界與宇宙之存在嗎？都任你去想吧！

門窗緊閉　示以堅然的拒絕
簾幕垂下　完成幽美的孤立
外面是消失在遠方的風
裡邊像波流涉及岸
全然絕緣後的觸及
　是驟然在空氣中誕生的鐘之聲　電之光
這一塊純美的空間
養一林鳥聲　著滿天雲彩
在目之外　座標之外　門牌之外
被鑽石針劃著大理石與水晶的紋路
　連耶穌的芒鞋也不知它通往那裡

透明似鏡　光潔似鏡
我便愛人般專情　順著旋律的螺旋梯
　跌入那把握不住的迴旋裡
直至心抓穩了那快活的死　我方醒來
鳥目醒在一樹綠色裡
一幢別墅坐著夏日明麗的花園
讓那光輕輕地從葉縫裡灑下來
讓那景靜靜地風景著視境
讓那聲無聲地在那聲裡迴響
我已感知那靠岸的汽笛聲
探視的眼神沿著紅氈已找到那顆鑽戒
怎樣也流不盡葡萄園裡的甜蜜
　看不停噴水池裡的繽紛
拾不完睡嬰醒時眼中的純朗
驚喜得如水鳥用翅尖採摘滿海浪花
滿足得如穀物金黃了入秋的莊園
當音樂的流星雨放下閃目的珠簾

世界便裸於此　死心於此
　像含情的眼睛裸在凝望裡
　　綠蔭死心在光與葉交纏的林中
多豪華的幽會
在凱撒與上帝都缺席的那次夜宴裡
我輝煌的神　以我的眼睛為座椅
電唱頭不停地啃著唱盤裡不死的年輪
一顆螺絲　為掛牢一幅畫在心壁上而鑽出聲來
一個渦漩　為扭斷鐘錶的雙槳而旋轉的不停
沉靜的光流　自燈罩下的斜坡滑下
我的臉容是一塊仰首在忘懷河上的岩石
透明似鏡　光潔似鏡
收容一林鳥聲　反映滿天雲彩
划入眼睛的藍湖
燈入罩　臉罩紗
景物以乳般的光滑與柔和適應我的視度
迴旋樂以千槳搖不醒我的醉舟

圓舞曲盪水波成圈　繞花朵成環
我便昏倒在那看不見圓也看不見弧的圓弧裡
　如太陽昏睡在旋轉不停的星系中
再也看不清聖誕樹與火藥樹開的花
只感知那隨著你無限地去的遠方
　是一隻在睡中也飛的青鳥
是浪已飛成翅膀的那個海

在那無邊無底地迴旋的空間裡
純靜得連空氣都出去　眼睛也隱入那深深的凝視
永恆此刻不需襯托　它不是銅與三合土揉成的
也不是造在血流上朽或不朽的虹橋
它只是一種無阻地旋進去的方向
　一種屬於小提琴與鋼琴的道路
　一種用眼睛也排不完的遠方
　一種醒中的全睡　睡中的全醒
一種等於上帝又甚於上帝的存在

我最短的一首詩

——「天地線是宇宙最後的一根弦」

前言

這是我最短但後設「附語」最長的一首詩。其實這些「附語」，也是採取詩、散文、哲思、評論……等文藝屬性所混合成的一篇文章。因此在採取後現代「文類解構」的觀念來看，則它除了是一首詩，也是一篇散文；也是一篇對生命與時空存在進行探索與判視的論文；同時在其中也有我構想中的一件地景藝術（LAND ART）作品。

在失去中心與價值失控的後現代現象中，大多數人已像是衝刺在四面牆裡的蝙蝠人。慶幸的是詩幫助人類在「麵條」、「金條」，與現實勢利社會到處的「拉皮條」之外，看到了另一條奇特的線條，它便是一直牽著日月進出的「天地線」；也是宇宙留下最後回聲的一根弦。

天地線是宇宙最後的一根弦

附語

這首短詩，看來極需要「後設」詩語同時，因爲它們走在一起，很談得來。

在我寫過不能不注意深度與廣度的不少長詩如〈第九日的底流〉、〈麥堅利堡〉、〈都市之死〉、〈死亡之塔〉、〈板門店38度線〉、〈觀海〉、〈曠野〉、〈隱形的椅子〉、〈時空奏鳴曲〉、〈大峽谷〉……等以及〈窗〉、〈流浪人〉……等不少短詩過後，這首短詩，可說是我最短的一首詩，以後也不可能寫出比它更短的詩。記得詩人龐德說過這樣的話，一個詩人能寫出一個獨特精彩的意象，是值得高興的事。如今，我將一個自認是一己較獨特精彩的意象，透過詩眼，對它內涵與結構做整體性的透視，又能獨立成一首詩，應是創作中又多出的心得。

這首詩雖特別短，但心靈與思想確實同「它」走了相當長的路，在茫茫的時空中，對我來說，「它」已是一切存在最後的回聲；尤其是當我在〈窗〉詩中，寫出「猛力一推／竟被反鎖在走不出去的透明裡」，陷入那片無邊的空茫中，內心的感覺更是如此。

記得我與蓉子有一次飛過大峽谷的高空，在宇宙的茫茫中，內心忽然想到整個世界與地球，只留下三條線：

(1)一條是「大峽谷」——是大自然用「原始」劃下的一條線。

(2)一條是「萬里長城」——是人佔據大自然，用「人的骨肉與血」揉成的三合土，在爭權奪利的現實世界，劃下人爲的一條線。

(3)一條是「天地線」——是宇宙用「空茫」與「沉寂」，劃的一條似有似無亦眞亦幻的一條線。

這三條線，已被「詩眼」看成時空與生命活動的三線道，於進入詩的沉思默想時，便會無意中想到人存在於「大自然」的生命結構中，一方面想望著風、雲、鳥的自由，另一方面又必須被納入現實冷酷世界的各種有形無形與新舊的框架，自然或不自願的被「生存」扣著手腳在走……。而人從搖籃到墳墓的時間很短，睡覺已死了三分之一，若又背離「眞我」活著，也等於是空白與死亡，人究竟能眞實的活了多少？又究竟能爲自己建立與完成那些可靠的什麼？再就是死亡的左右手——那不可抗拒的「時間」

與「空間」，是一開始便站在「搖籃」的旁邊，將所有的人一直綁架到「殯儀館」，而大家都好像沒有發覺，同時這件歷代來最大的綁架案，也都從未破過案；這便引發人類尤其是透視力與敏悟力較高的詩人，不能不進一步，探究人存在於深層世界中的奧秘與眞況，而也在不斷的質疑中，勢必看到下面這幕一再重演的重大悲劇——

那就是：「人活著，都要一一被時空消滅掉；人被時空消滅掉過後，人仍可設想與盡力從銅像、紀念館、百科全書與天堂裡復活過來。可是再往下想，當他死了，銅像、紀念館、百科全書與天堂，安慰的是張開眼睛的我們，而他！太陽究神從哪個方向昇起來，他也搞不清楚了。於是，人又不能不再度掉進無邊的空茫中；唯一能抓住的，便是那條似有似無的『天地線』——『宇宙最後的一根弦』，在鳴動著一切存在的似有似無的回聲……」。

此刻，如果我們正好在三萬呎高空的雲上飛。雲上竟是宇宙空無的藍色玻璃大廈，但一張椅子都沒有，沒有東西可停留下來；不但是有山有水、有大自然景觀的「大峽谷」與一直望著朝代來、朝代去的「萬里長城」，都看不見了；就是一望無際的雲山雲海，也只是一片可見的白色的「空茫」；整個世界便不能不進入超越「實有」的全面「空茫」、「空無」與「空靜」之境，而呈現出「空」能容納萬有、「靜」能容納萬動的實存世界。這樣的存在世界，除了使那茫茫的「天地線」成爲「宇宙最後的一根弦」，能到哪裡去拉出存在奧秘與永恆的回聲？

事實上，所有二胡的弦、古箏的弦、小提琴、大提琴的弦、豎琴的弦，乃至祖父、曾祖父、曾曾祖父的心弦，都相連在茫茫的時空中被鐘齒咬斷了，就是從棺材到天堂的路線，也只是在禱告中，所設計的一條斷斷續續的虛線；最後，也的確只有那條似有似無尚可見的「天地線」，留守在宇宙茫茫的時空中。

可是這條「天地線」——「宇宙最後的一根弦」，它懸在茫無邊際的漠遠裡，不用說全世界所有的人（包括文學家、藝術家、哲學家、政治家、科學家，乃至帝王與爲上帝工作的神父……），都休想彈到它，就是將所有的腳與鞋子以及車輪、機翼、鳥翼乃至雲的翅膀加在一起，也休想近及它。它便因而成爲自彈自鳴，誰都不能彈的一根弦——「宇宙最後的一根弦」；同時成爲一切存在無聲的回響；也渾成我一生中最短的一首詩：「天地線是宇宙最後的一根弦」。

在這首短詩「天地線是宇宙最後的一根弦」寫成之後，經由「視覺詩」的誘導與引渡，詩中的具體意象，便順利轉型進入視覺藝術創作理念中的地景藝術（LAND ART）界域。

如果說世界著名的地景藝術家克里斯多（CHRISTO）將畫在畫布畫框裡的外在自然景象，放生回到大自然，以「包裹」手段重親規劃與展現出大自然眞實美的具體景觀，是被肯定的；則我將「天地線」這一單純體現於宇宙間亦眞亦幻的線條造型，當作是我所構想與創作的一件「新」的「地景藝術」作品，應也是具適當性的；而且在作品意涵與符號的作用功能上，我想是同克里斯多偏向於「表態」與「述明」的「地景藝術」所表現的有異。我是企圖一方面採取極簡（MINIMAL）與絕對觀念（ABSOLUTE CONCEPTION）的藝術手段使「天地線」的視覺空間感達到單純精簡的造型之極致；另一面注入詩大量的象徵性與超現實性，以期豐富作品的內層意涵與對存在的覺識。

的確，當「天地線是宇宙最後的一根弦」這首詩中的「天地線」，經轉型爲視覺藝術中可見的「地景藝術」作品，並定名為「誰都不能買的一條天地線」。兩者便都同時構成存在的高難點——一是「誰都不能彈」，一是「誰都不能買」。「不能彈」上面已說了不少；至於「不能買」，我只是曾同一些藝術家在談話中半開玩笑半認眞的說過：

「做爲一個畫家，從小畫至老，一生究竟畫了多少線條，好累！當『地景藝術』的興起，乾脆請『詩』幫你將那條『天地線』買下來，不但省事，而且也眞的難於猜想它究竟有多貴重，多耐看與耐用……
……」

再就是，如果我們採取三六〇度的掃瞄，做進一步與深一層的探視，就會發現到一個更奇妙的事實，那就是：無論是日光、月光、星光、燈光照來照去的光線、腳步、車輛、輪船飛機跑來跑去的路線；風、雲、鳥飄來飄去的拋物線；眼睛看來看去的視線；畫筆畫來畫去的直線與曲線……等這許多許多數不清也數不盡的線條，都難免要被那條長遠不可觸及的「天地線」攔阻下來，說是收容它們，是因較說沒收它們好聽與有情意些，也可平和悲劇的激烈性。

的確，當「天地線」在詩眼中找到它內涵思想存在的基因，而創作成這件地景藝術作品——
——「誰都不能買的一條天地線」，在與「天地線是宇宙最後的一根弦」這首短詩，同時展現在宇宙茫茫的時空中，便也被詩眼看成可見與不可見的兩條線路，可通往湯恩比（TOYNBEE）心目中的進入宇宙之中、之後、之外的永久存在的眞實之境；也可通往無邊無際無聲無息的「空茫」，留下存在強大無比的回響與許多問號，迫使大家越去回答便越覺得困惑與無力感——

先是讓古代買得起一個國家的帝王與當代買得起整座城市的大富翁望著買不下這條「天地線」感嘆

入棺；接著是科學家絞盡腦汁造太空船去運那永遠也運不完的「天空」與「茫茫」；再下來是詩人陳子昂不停的唸著「前不見古人，後不見來者，念天地之悠悠，獨愴然而涕下……」；再下來是和尚將富貴榮華隨同頭頂一起剃光，讓空空的光頭去同天空比空；最後是牧師帶著衆人不停的禱告：「永恆的主，永恆的天國」，去看來生。

寫到此，這首短詩與「後設」詩語，邊走邊談，已接近尾聲，再要補充說的話也很短。那就是從這首短詩中，我再度體認「詩」確是一門以文字爲媒體的極簡（MINIMAL）藝術，企圖以極少的語言符號，透過象徵與暗示，舒放出生命與思想高質感與高強度的能量。至於問它是否屬於過去、現代、後現代，後後現代，以及是否屬於古典主義、浪漫主義、現實主義、超現實主義、象徵主義、抽象主義、新寫實主義……等問題，雖也有其必要性，但更値得注意的是詩往往在創作時能將「時空」與所有的種種「主義」，都只視爲材料，都可將之有機的化爲作品生命所表現的機能與質素；所以詩在根本上具有超越「時空」與「主義」框限與制約性的創作特質；而能呈現出一種「前進中的永恆」的存在能力。同時從這首短詩所轉型爲一件「地景藝術」的相互觀照中，又可看出文字藝術家與視覺藝術家是至爲密切的芳鄰；並可打破彼此在以往過於硬性的分隔，尤其是在強調解構與多元共處的後現代，即使要有所分隔，也不應用封閉的牆，而應以透明可見的玻璃，使彼此有所共見，並有利拓展彼此創作廣闊的視野。

「第三自然螺旋型架構」的創作理念

「第三自然螺旋型架構」（註），是我從事詩創作與藝術探索近半世紀來，從創作思想與實踐中所體認與建立的觀點，曾被名批評家蔡源煌教授視為是我個人的創作理念與思想體系。對我而言，這一觀點，自廿多年前開始迄今，我仍始終堅持並加以強調，那是因為我確認它已是詩人與藝術家創作生命的較理想的基型。現在將問題分開來談：

一、首先談「第三自然」部份

(一)「第三自然」理念的解說

當後期印象派畫家喊出「我們照著太陽畫，怎樣也畫不過太陽的本身」這句話，便使我們清楚地重認到第一自然存在的層面與樣相——諸如日月星辰、江河大海、森林曠野、風雨雲霧、花樹鳥獸以及春夏秋冬等交錯成的田園與山水型的大自然景象，它便是人類存在所面對的第一自然；當愛迪生、瓦特發明了電力與蒸氣機，在那有電氣設備的冬暖夏涼、夜如晝的密封型巨廈內，窗外的太陽昇與落，四季的變化，都異於在田園生活裏所感覺的，再加上人為的日漸複雜的現實生活環境與社會形態，使我們清楚地體認到另一存在的層面與樣相，它便是異於第一自然而屬於人為的第二自然的存在層面與樣相了。

很明顯的，第一與第二自然的存在層面，是人類生存的兩大『現實性』的主要空間，任何人甚至內心活動超凡的詩人與藝術家，也不能超離它。然而，這一事實上已構成大多數人生存範圍與終點世界的第一與第二自然，對於一個向內心探索與開拓人類完美存在境界的詩人與藝術家來說，它卻又只是一切的起點。所以當陶淵明寫出「採菊東籬下，悠然見南山」、王維寫出「江流天地外，山色有無中」、艾略特寫出〈荒原〉，我們便清楚地看到人類活動於第一與第二自然存在層面得不到滿足的心靈，是如何地追隨著詩與藝術的力量，進入那無限地展現的內心「第三自然」境界。

可見「第三自然」，便是詩人與藝術家掙脫第一與第二自然的有限境界與種種障礙，而探索到的更為龐大與無限壯闊的自然——它使第一與第二自然獲得超越，並轉化入純然與深遠的存在之境。此境，有如一面無邊的明淨之鏡，能包容與透現一切生命與事物活動於種種美好的形態與秩序之中，此境，可說是「上帝」的視境。的確，當詩人與藝術家以卓越的心靈，將一切生命與事物導入「第三自然」的佳境，獲得其無限延長與永恆的生機，這便等於是在執行著一項屬於「上帝」的工作了。

所以，當畫家站在第一自然的存在層面上畫太陽，雖畫不過太陽的本身，但畫家可以透過靈視之深見，畫出那活動於「第三自然」中的更為無限與更具生命的內涵力的「太陽」；詩人王維與陶淵明在創作時（如上面例舉的詩），與第一自然於和諧中，一同超越與昇華入物我兩忘的化境；詩人里爾克、艾略特等在創作時，與第一自然或第二自然於衝突的悲劇感中，使「人」超越那痛苦的阻力，而在內心中感知到那無限地顫動的生之源，因而獲得到那受阻過後的無限舒展，終於產生一種近乎宗教性的狂熱與追隨、信服與滿足感；樂聖貝多芬的音樂在演奏時，當時無論是權力最高的王公也好，智力最高的哲學家也好，都被樂音中那種不可抗拒的神秘的美感力量所制服，而順從於內心的那種無限的嚮往……。如此看來，則無論是進入內心的那種無限的嚮往也好，進入物我兩忘的化境也好，進入內心中的更為無限與更具生命內涵力的境界也好，都不外是進入我所指的那個使一切獲得更完美與充分存在的「第三自然」——它正是詩人與藝術家創造的。這種創造，在廿世紀後半葉，當人類對神與上帝逐漸發生懷疑，如果我們仍確信在內心世界中，有上帝所設造的「天國」，那麼我敢說再沒有像詩人李白、杜甫、陶淵明、王維、里爾克等人的詩句，更能確實地寫出「天國」的樣子；再沒有像米羅、克利、畢卡索等人的色彩與線條，更能確實地畫出「天國」的樣子；再沒有像悲多芬、莫札特等人的聲音，更能確實地說出「天國」的樣子。的確，詩人與藝術家將一切轉化入「第三自然」獲得更為理想與完美的存在，在事實上，便也就是上帝（如果世間確有我信服的上帝）對萬物存在最終的企望與期求。

(二)「第三自然」創作理念的A與B兩大作業程式：

A程式：

對象→潛在意象→美感意象
A→A^1 A^2 A^3→A^N

在我看來詩與藝術絕非第一層面現實的複寫；而是將之透過聯想力，導入內心潛在的經驗世界，予以交感、提昇與轉化為內心的第二層面的現實，使其獲得更富足的內涵，而存在於更龐大且完美與永恆的生命結構與形態之中，也就是存在於內心無限的「第三自然」之中。如圖中的對象A，經過聯想力，引入內心潛在的經驗世界，觸及同位質性的潛在意象A^1、A^2、A^3而交溶成A^N美感意象的無限效果。

的確，詩人與藝術家從「觀察」到「體認」到「感受」到「轉化」到「昇華」，直到進入靈視的「無限的內在心象世界」，這個世界，便正是存在於內心的「第三自然」之中。

B程式：螺旋型架構

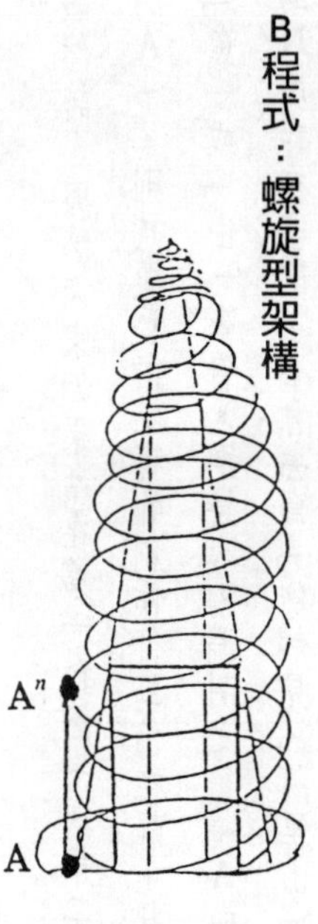

誠然詩人與藝術家如果站在第一自然（或第二自然）的A原象位置不動（如上圖中的A），則詩與藝術確實的創作行為仍在靜止狀態中。所以將A當做外在世界實在的「魚」或「山」來看，則詩人陶淵明必須將A向內做無限的超越與轉化，且玄昇到A^N的N度存在空間，不會去寫「悠然見『阿里山』」，而去寫「悠然見」「第三自然」中的「南山」；同樣的，柳宗元也不會去寫「獨釣寒江『魚』」，而去寫「獨釣內心「第三自然」中的「寒江雪」。如果寫「獨釣寒江『魚』」，則讀者應大多是菜市場不懂詩的魚老闆，但寫「獨釣寒江『雪』」，則讀者便包括有哲學家了。可見由A轉化到A^N所形成詩人內心創作的螺旋型架構，已是詩人與藝術家在詩與藝術作品中，創造了人類存在於內心的「第三自然」中的一個永恆活動的基型，並掌握著詩人與藝術家創作生命那無限地演變與拓展的活動航道與空間。

同時由詩人藝術家透過「觀察」→「體認」→「感受」→「轉化」→「昇華」等思考程序，所形成人類智慧創作向前連續發展的「螺旋型」世界，一方面在「時間」上，可將「過去」、「現在」與「未來」相關聯地整體存在於「前進中的永恆」時刻，使創作中的「時間感」源遠流長生生不息；一方面在「空間」裏，「螺旋型」是「空間」上下走動左右迴轉的螺旋梯，它有不斷向上突破的尖端掌握美的顛峰世界，它也有無數變化衍生的厚實圓底，潛藏無限的美的奧秘。它甚至像是緊握在詩人與藝術家手中的一把螺絲刀，鑽開古今中外的時空範疇與現代物質文明圍壓過來的一層層「厚牆」，讓詩與藝術帶引人類不斷穿越，進入超於象外與脫離「框架」的無限境域，去呈現精神自由廣闊的形而上昇力；同時也鑽通所有已由美學世界出現的種種藝術流派與主義，以及由科技世界出現的各種新穎的使用工具媒體、資訊與生存的物質環境……等這些均視為創作上的材料，等待詩人與藝術家不斷將它溶解轉化入內心「第三自然」，去繼續展現創作新的「南山」境界，新的自然觀。

(三)「第三自然」應是世界上所有詩人與藝術家創作生命永遠的家

像陶淵明詩中的「南山」，柳宗元詩中的「雪」，都是屬於「第三自然」的景象，在第一與第二自然是看不到的；又貝多芬交響樂中的樂音、馬蒂斯畫中的色彩、米羅與克利畫中的線條、布朗庫斯與康利摩爾雕塑中的造型世界等，也都是在內心「第三自然」無限廣闊的空間才出現，只能被「靈視」見到、被「靈聽」聽到；在第一自然與第二自然是聽不見看不到的。可見「第三自然」正是現代藝術所一致強調的；藝術家必須去創造內在不可見的更為無限的實在。

的確也如此，如果人類只活在「第一自然」與人為的「第二自然」等兩個外在的現實世界中，去指認與說明所面對的一切而沒有進一步將之轉化與昇華進入超越外在現實的內心「第三自然」無限世界，去呈現一個更富足與新穎的「美」的存在，則所有的詩人與藝術家都將因此失業與無事可做了。

譬如我們看到天地接合處的那根線，一般人都只能說它是天地線或水平線，而詩人卻能經過聯想與轉化過程，將它說是「宇宙最後的一根弦」，使天地線變為更富足與新穎的「美」的存在。

譬如我們看到一隻廢棄在荒野上生銹沾泥的破牛車輪，正常人只把它當作廢物看待。但造型藝術家透過詩的靈視與聯想可從輪子生銹與沾泥的部份，看見與聽見輪子滾動過時空所留下的聲音與痕跡；甚至進一步，將它以一個幽美的角度，樹立在茫茫的荒野上，並標上作品的名稱「路」，而使我們從作品中，發現與頓悟到人類與宇宙萬物走在那條看不見起點與終點的路上，因而對存在時空，產生無限與莫名的鄉愁。於是那隻沒有生命的廢棄的牛車輪，便被藝術家在內心「第三自然」中創造成一隻帶動著所有生命轉動的有生命的輪子，而使藝術家無形中也成為另一位創造「生命」的造物主，使沒有生命的變成有生命的存在；使有生命的，變成有更豐滿的生命內涵的存在。

又如上面曾提過的貝多芬與莫扎特的音樂，在演奏時，能使台下的王公貴族與哲學家都感動，並佔領他們的內心世界，帶領他們的心靈昇越到「美」的巔峰世界，臻至忘我之境，但究竟那些樂音中，含有多少噸的智識、學問以及思想精神與情感的威力？那是萬能的科學，也無法計算得出來的。這種奇蹟，只有進入內心「第三自然」無限的「美」的境域，才會感知與發現的。

由上面所說的這些實例，可看出「第三自然」不但是詩人與藝術家為人類創造輝煌與永恆精神事業大展鴻圖的地方，而且更是詩人與藝術家精神與思想永久居留的老「家」。

二、接著談「螺旋型架構部份」

(一)「螺旋型架構」理念的扼要解說

「螺旋型架構」，很明顯是創作思攷世界的幾何造型形態與符號，既不同於單面存在的穩定的圓形，也不同於單向直指頂端的冷峻的三角形；它是溶合圓形與三角形進入多向度多面性的活動層次與程序，並包容有衍生的變化的圓形與層層向上昇越推進的三角形的銳點所形成的造型世界。像上面說過的，它既有圓厚的實底，也有向上突破的尖端，既有旋進去看不見底的奧秘，也有不停地旋上去的望之無窮的仰視、更有隨著螺旋型不斷在時空中向前旋轉、以360。的環視所展現的無限地開放的廣闊幅面。如此看來「螺旋型架構」的創作思攷造型世界，除了做為「詩」與「藝術」向前創造的理想基型，滿足詩與藝術在無限變化的N度空間中活動的充份須求，尚可做為人類文化向前推進的理想基型，因為溶合溫潤的「圓形」與冷凝的「三角形」這兩個造型符號於一體的「螺旋形架構」，是無形中在進行著統合人類文化思想中的「感知」與「理知」、「靈運」與「理運」活動空間相渾成的造型世界。如果其中的「三角形」看來尚含有建築美的形態；「圓形」看來尚含有音樂與舞蹈律動美與音韻美的形態，則詩在「螺旋形架構」的創作造型世界中，也不會放過這些造型符號，所暗示與無限地開放的世界與實力。而事實上，「螺旋形架構」是具有巨大無比的容納性與涵蓋力，能被視為是人類尤其是詩人與藝術家創作生命在時空中不斷向前探索、突破、超越與創造的生生不息的永恆基型。

(二)圖解「螺旋形架構」造型世界的由來

由於人類的思想活動空間，形如一透明的玻璃鏡房，「思想」走進去，前面明，背面暗；暗面就是思想的盲點。因此，「螺旋型架構」採取360°旋轉與變化的視點，便儘量克服了可能在背後所看不見的盲點，讓多向度與多元性的開放世界，都能以確實可為的卓越性與傑出性進入「美」的展望與永恆的注視，並使一切存在，都從有約束的框架中，解放到全然的自由裡來，呈現出更為新穎、可觀與美好的存在。藝術家與詩人，便就是這樣站在「螺旋型架構」的世界中去拿到上帝的「通行證」與「信用卡」，去面對這一全然自由與理想的創作世界的。見下面所列舉的圖解與範例：

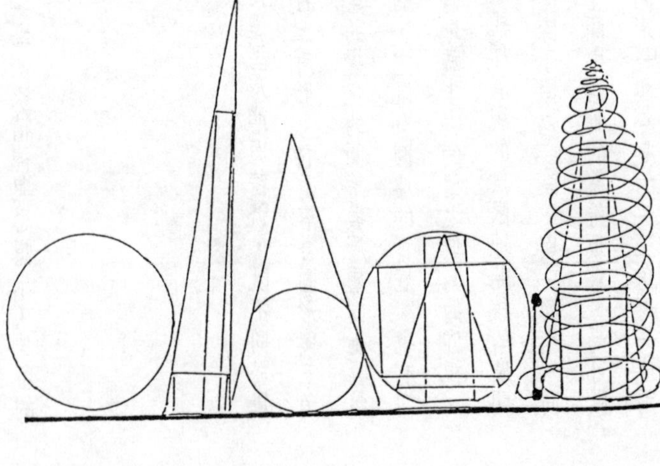

〔附〕「第三自然螺旋形架構」形成的圖解：

(1)圖——單面「圓形」

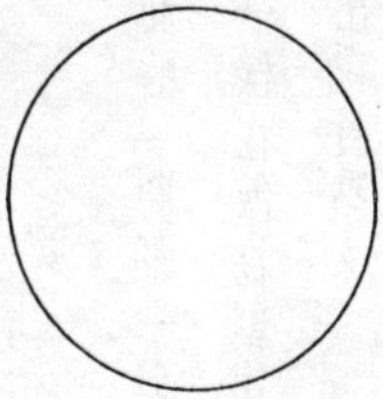

在「圓」的空間觀感中，給人雖有圓融、包容、和諧、安定與渾圓等正面感覺；但難免也給人有保守、知足、閉關、缺乏突破、攻勢、創新、與主動不斷求變的精神等負面感覺；加上又是單面（平面非立體）的圓，則難免失去創作世界中的深厚度。上面這些現象，尚可反映到文化層面，也可能產生下面的正負面現象：

● 「黃燈式文化」：雖緩衝相容，但往往不設或不看紅綠燈，形成是非不明、糾纏不清、沒有對錯、你搶我奪的劣根性現象。

● 「屏風式文化」：雖收斂、內省、謙讓、不露鋒芒，但往往以屏風當面具，假道、虛偽、鄉愿、內外不一致，黑箱作業……扼殺真實甚至真理。

● 「隔離式文化」：雖獨尊與維護住固有的，但排他性強，關上門，看過去；不接受新的挑戰，便不能快速的隨時代進步，形成落後現象。

● 「循環因襲式文化」：雖有因循性、慣常性的便易作業程式，但缺乏科學進步思想與守法精神，造成不確實，效率性偏低；加上人際上的人情私情，影響純正的思攷，便難免要偏離理想的前進航道，使文化產生出反應遲緩的癡呆症。

(2)圖——「三角形」（頂尖。銳角）

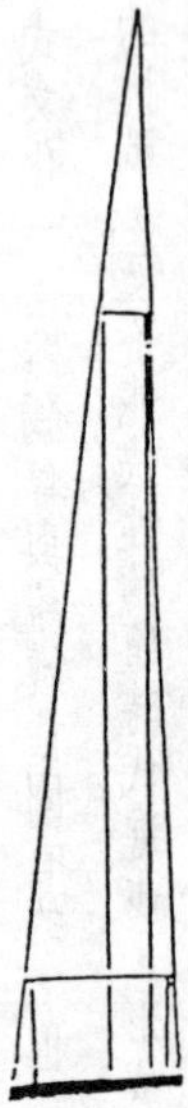

顯然，三角形的頂端與銳角，確具有尖銳的衝刺與突破性。藝術評論家畢哲利（Beazley）認為曲線與直線的長年之戰，到幾何時期，直線與銳角無論在形象與裝置裝飾上，都佔上風。的確也是如此。像蒙特里安（P.Mondrian）的「新造型世界」與越來越都市化的文明景觀，都是強有力的為直線與銳角這一優勢，予以證明與助威。

其實，像尼采超越精神的突破點、三島由紀夫悲劇精神的突破點、尖端科技向前推進的突破點……都是無形中站在三角形的頂點上，要求突破、進步、創新、不斷的存在與變化等堅持「絕對性的精神趨向」上，形成一股值得重視的生命動力，然而也因此難免帶來某些對抗性、失衡、否定、冷漠、緊張、焦慮甚至含有悲劇性的存在情景。

如此看來，具有穩定圓面的「圓形」與具有突破頂點的「三角形」，都一樣在做為創作精神與思想活動的造型世界時，出現盲點。

(3)圖——「三角形」吞沒「圓形」

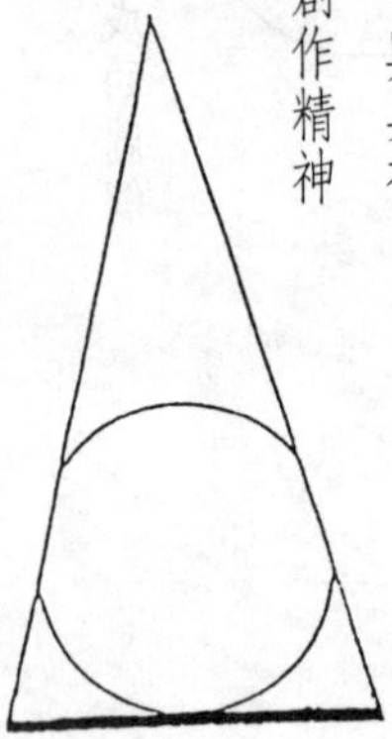

由於人類在冷靜的知性與理性思攷中，創造了人為的第二自然——「都市」偏於幾何圓形的建築性的生存空間，三角形（方形、長方形）便不斷的佔優勢，以確實明銳的直線與銳角，很冷漠的將溫潤與圓融的圓形吞沒（如上圖）。

結果形成感性被抑制，理性與知性大大昂揚的狀態。偏於西方科技與物質化的文明，逐漸呈強勢；偏向東方感悟與靈動的文化，便呈弱勢。物性強過心性，文明超前文化，人的心靈空間被物化空間佔領，精神的「形而上」性，有不斷偏向「形而下」性的傾向，科技與物質文明以壓倒性的實力。從三角形尖銳的頂端突破猛進，但也同時帶來人內在的空虛、寂寞、冷漠、無奈，以及生存的機械感與莫名的焦慮。

如此，「三角形」較「圓形」雖佔優勢，並圖吞沒「圓形」，成為生命活動的基型時，但仍無法避免上面所指的那些盲點。

(4)圖——「圓形」包容且融化「三角形」、及方形與長方形

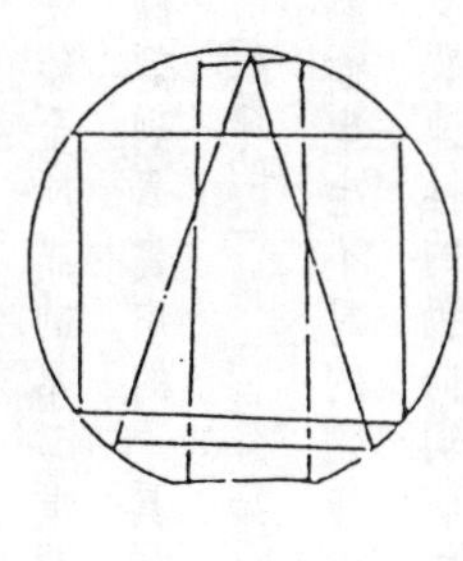

由於人類在現代物質文明高速發展已越來越趨向物化的生活中，已逐漸體驗出內心與精神的冷漠與空洞，於是較偏於提昇心靈境界的東方文化思想，便自然而然地有復甦的徵候，開始反彈，使人本與人文思想抬頭，反過來站在物質與物理世界的上面，使心性較物性為重；文化較文明溫厚，同時也自然將冷然帶機械味的「三角形」

方形與長方形（△□▭）的生命造型符號，移變、溶解入「圓」融與溫潤的「圓」形（○）之中，重現生命存在的律動感韻情與意境。

既然物理世界是客觀與中性的存在，科學只能證明客觀存在的真實，並非人類生命存在的全部與最後的真理，而人應是存在的「主體」，不斷感應與超越客體而存在。從「真實」到「非真實」到再現的「真實」，便臻至所謂的第二度超越，進入本文中所指認的無所不在的「第三自然」，方有可能體認到真實中的「真實，」與可望接近永恆的存在真理；同時也方有可能進入那不斷向前旋轉的「第三自然螺旋形架構」，去面對不斷變化的創作生命世界，去確實把握詩與藝術生生不息的創作生命，去洞見人類文化思想在穿越時空與突破傳統向前發展的具有關連性的動向與脈動。

(5)圖——「螺旋形」

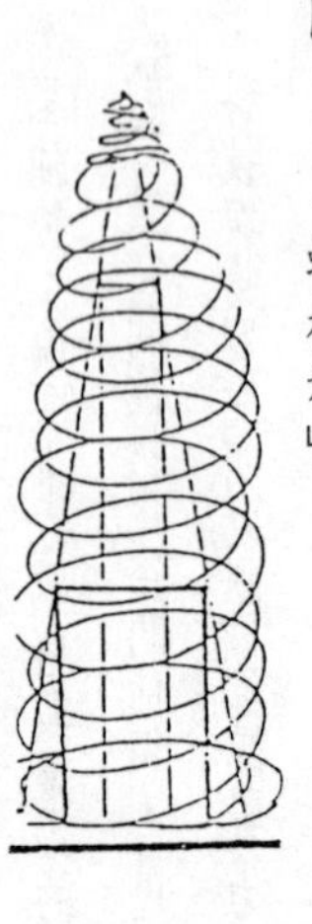

「螺旋型」便是由能溶化「三角形」「方形」「長方形」的「圓形」，不斷向前旋轉衍生持續而成，同上文B程式——「螺旋形架構」所作的註釋與説明是相一致的。此處的「螺旋形」便也就是「螺旋形架構」，它具有向360。彈性發展的多圓面所疊架的穩固的圓底，也有向頂點突破的尖端，於是已完全統合了「三角形」與「圓形」雙向活動的實力與機能；同時由於突破的「頂點」，在突破後重又向N度空間展現的新「圓」，再又向新的突破「頂點」集攏等連續收放動作，便使「螺旋形架構」的思想世界，無形中又掌握到「演釋」與「歸納」兩大邏輯思攷系統以及也兼有「微觀」與「宏觀」的思想形態。

從上述的思想造型符號的特性中，「螺旋形架構」被做為人類創造思想與文化思想向前推進與發展的理想基型，應是相當確實可靠的。因為它不但能使詩與藝術的創作思想不斷演化，推陳出新，從傳統與已存的世界中，凸現新的傳統與新的創造世界，而且能使「文明」在「三角形」的尖端，不斷獲得突破與前進的昇力，使文化在「圓形」的容涵中，獲得圓厚的實底與定力感，使具有精確銳角的理運空間與具有圓通的靈運空間相交合相互動，使物性與心性相交溶相交流，同時更使時間在「螺旋形架構」中，是一「前進中的永恆」，有前後的連續性，有歷史感，不像目前的社會情況，它是被物質文明快速發展的齒輪切割下的碎片。此外「螺旋形架構」也無形中在思想活動的造型空間裡，以無限自由與開放的包容性，解構古、今、中、外的框架，納入貝多芬與尼采不斷超越與突破一切阻力的「介入」精神，也納入老莊與王維不斷轉化與昇華、進入純境的「脫出」思想；在最後，它更以「三角形」頂點的尖端，刺入世界無限的高度與深度；以「圓形」360。展開的多圓面、收容世界無限的廣闊而使詩人與藝術家能因此成為一個具有思想深廣度的創作者，使文化也成為具有思想深廣度且不斷向前邁進的博大文化。

綜觀上述有序地發展下來的圖解，可見單面存在的「圓形」，雖富安定性與包容度，但保守缺乏突破與變化；而具有突破性的「三角形」尖端，卻難免帶來衝突對抗性、緊張、不安與冷酷性。至於「三角形」吞沒「圓形」，形成物質文明突進的強勢，人文精神發展的弱勢，有失衡現象，因而便不能不引起反彈，呈現出「圓形」反過來溶解「三角形」的現象，並以溫厚的文化力源，流入進步的「文明面」，讓人文與人本精神成為生命存在的主導力，使人性與物性、感性與知性、文明與文化，進入相交溶相互動的中和情境，也使「三角形」與「圓形」終於在相抗拒中，趨向彼此間的融合，相輔相成的進入具有「三角形」尖端，也具有無數「圓」面的「螺旋形架構」的造型世界，這世界使固定的單圓面演化為多圓面的立體「圓形」，且有多圓面在旋昇中所形成的「三角形」尖端，去不斷迫近存在的前衛地帶與突破點。如此，「螺旋形架構」的創作造形世界，便無形中掌握了存在與變化中無限地展開的創作世界及不斷向前突破與創新的實力，而這正是所有詩人與藝術家乃至任何創作者所特別強調與希求的。

三、談「第三自然螺旋形架構」的功能

(一)「第三自然螺旋形架構」解救詩與藝術創作中的一些關鍵性的重大問題

(1)譬如當柏拉圖認為詩人用詩去寫一座橋，倒不如去造一座橋，來得有意義與價值。於是，他便要把詩人趕出他的理想國。但如果詩人是寫存在於「內心第三自然」中的更具有思想內涵力的「橋」，像現代抽象表現主義畫家所共認的「我們雖畫不過太陽的本身，但我們可表現我們內心中所體認的更為不可思議的太陽」，則詩人便可理直氣壯的對柏拉圖說：「柏拉圖，你理想國的坪數太小了，既容不下陶淵明更廣闊的『南山』，詩人們便只好自己搬出去，搬到宇宙萬物生命更龐大的生存空間裡去，用不著你來趕了。」

(2)唯有從外在有限的第一自然（田園）與第二自然（都市）超越而進入內心無限的第三自然螺旋型架構，方能確實認明「獨釣寒江魚」與「獨釣寒江雪」，是何等不同的生命境界，因而在超越的精神狀態中，看見一切生命活動於無限自由以及永恆與完美的基型中，獲得其本質的存在。

(3)唯有進入內心無限自由與廣闊的「第三自然螺旋形架構」世界，詩人與藝術家才會了解「詩人與藝術家是上帝的代言人」與「詩人與藝術家是拿到上帝的通行證與信用卡的」這兩句話的真義；甚至認為世界上如果有天堂，則經由詩人的觀察、體認、感受、轉化與昇華等心靈活動所形成的那個具有超越性與充滿了美感的更為真實與廣闊的「第三自然螺旋形架構」世界，便的確是造天堂最好的地段。

(4)詩人與藝術家的創作心態，進入內心無限自由與遼闊的「第三自然螺旋形架構」世界，便是以開放與廣體的心靈來注視世界，他絕不會排拒存在於「古」、「今」、「中」、「外」裡凡是能構成他創作生命的美好的一切；他必定是以「不用鳥籠來抓鳥，而以天空來容納鳥」的廣闊的心境，來展開他多向性的創作境域，而不至於將自己侷限在單項性的偏窄路線上，縮小了創作的層面與幅度，因此可任意運用各種全面開放的題材與方法，不受約束地從事創作：

①他既可以寫「國破山河在」、「朱門酒肉臭」等涉及現實與人間煙火的詩，他也可以寫「人閒桂花落」、「白鳥悠悠下」等超越現實的具有意境的詩，他甚至可表現純粹物態與抽象美的詩。

②他既可以寫一己故鄉的鄉土，也可以寫第一自然（田園）更廣闊的鄉土，也可以寫第二自然（都市）的「鄉土」（人有一天到太空，則造在地球上的「都市」，便也是另一塊使 Armstrong 站在月球上懷念的故鄉之土）；他甚至可寫前一秒鐘剛剛過去不復返的時空「鄉土」——就陳子昂筆下的「前不見古人／後不見來者」的「鄉土」等各種層面的鄉土。

③他既可寫精美、單純、明朗的好詩，也可寫帶有某些晦澀感但繁富而幽美的好詩。

④他既可寫以「白描」手法表現的詩，也可寫以「超現實」、「抽象」、「象徵」、「投射」「極限」與「新寫實」等手法表現的詩。只要在表現上能達到傑出與

完美的效果，都應該是好的。

⑤他既可以寫偏向以現實社會群體生命活動的詩，有時也可以寫偏向於個人特殊情境的詩。只要寫得確實好，都一樣的會被重視。

的確，只有進入內心「第三自然螺旋形架構」的存在境界，方能確實與徹底了解詩人與藝術家存在的最終目的，以及他在從事這項永恆的精神作業中，全面性與長久性的對象是什麼，而找到他們存在的真實的位置。同時也使我們持有寬容與廣闊的視野，多向性地注視與容納凡是具有卓越表現的各種形態的創作，而使詩與藝術在人類廣闊的精神世界中，成為不只是賣「一種貨」而是賣「百種貨」的大「百貨公司」。的確，只有這樣，方能使詩與藝術的創作，有更多的可能與方向，進入不同的「卓越性」與「傑出性」，而不致於「小兒科」地將詩與藝術推入單向性的狹窄的甬道裡去，發生「不向這裡走便無路可走」的嚴重錯誤。其實，在「第三自然螺旋形架構」廣闊的世界裡，有太多預想不到的美妙走法。也就是說，只有在「第三自然螺旋形架構」的情境中，詩人與藝術家方能確實擁有無限的創作題材資源與技能，而且認明自己是創造方法並非被方法牽制的創作者。

幾十年來，我看到許多詩人單向性地強調的種種，都無法通過全面性與最後性的質詢譬如有人強調限用這方法限用那方法來寫詩，或者限定題材強調只寫「鄉土」與「工農兵」的詩，那麼請問不寫那方法的詩，與寫「鄉土」與「工農兵」以外的詩，就非詩與非好詩嗎？）我再三思索，經從全面性與更廣遠的角度來看，並進行深入與徹底的透視，最後才敢強調這一創作觀點：詩人與藝術家的確創造了人類存在的第三自然螺旋形架構，它不斷誘導詩人與藝術家將外在的現實，提昇為靈視所看見的內在的更深一層與更豐富的「現實」；它因而確定了詩人與藝術家創作世界理想且永恆的基業，即使詩人以新寫實的敘述手法，表現現實的生活層面，但也無法完全躲避因內心「感應」與「感受」所形成的那段抽象距離，於無形中，移動與調整讀者內心對現實投入不同的「感向」與「感度」。否則，詩人與藝術家便該退下去，讓新聞攝影記者、報導文學與散文作者來執筆就夠了。目前就因為平面直抒的敘事詩的流行，許多詩人未把對象帶進內心「第三自然螺旋形架構」的世界，獲得觀照與提昇，去引起靈視深一層的看見，致使現代詩陷入新的危機：(1)是詩質趨於單薄，(2)是缺乏意境，(3)是語言蕪雜、鬆懈，過於散文化，不夠精純。由於這三種缺失的現象，使現代詩繼承與進一步創造古詩一向所強調的詩質、詩境以及詩語言的精純感與韻味等這一優良的傳統，距離是似乎更遠了。於此，實在有賴「第三自然螺旋架構」世界予以援救。

(二)「第三自然螺旋形架構」不斷給傳統以創新的勢力

由於「第三自然螺旋形架構」的(A)作業程式中的從「觀察」→「體認」→「感受」→「轉化」→「昇華」的整個過程，所不斷順著螺旋形向前推進，呈現出超越後的全新的存在，便無形中正是給創作者突破與提昇傳統向前發展的無限力量。

譬如當現代詩人被飛機帶到雲上三萬多呎高的上空，進入幾乎忘我忘世的宇宙與大自然的渾然景觀中，心裡湧出下列的那些詩句：

千山萬水
何處去
千飛萬翔
翼在那
……
在沒有終點站的渾沌裡
問時間　春夏秋冬都在睡
問空間　東南西北都不在
太空船能運回多少天空
　　多少渺茫

在上述的詩行裡，不難體認與發現到詩中所展現的美感經驗與心靈空間（境界），顯然是與古代詩人同中有異的。「同」是彼此均企圖由詩中進入人與自然相渾和存在的靈悟狀態；「異」是古代詩人進去，是從不受現代文明影響下的「第一自然（田園）」，直接進去的；而現代詩人是必須經由「第一自然」穿越由科技製作的「第二自然（都市）」過後，再轉進去的，這中間的心況與心境不大相同！古代詩人站在兩度平面空間的「地面」上觀看一切，仍有山有水。有花有鳥，以及有春、夏、秋、冬的時間觀念。所以柳宗元的「獨釣寒江雪」，乃是從「江」與「雪」轉化與昇華進入靈悟中的荒寒之境的，陶淵明的「悠然見南山」乃是由「採菊東籬下」有「菊」有「東籬」的地面實景，昇越起來的；王維的「山色有無中」也是由「江流天地外」有「江」有「地」的實境超越出去進入無限的悟境的。而現代詩人被飛機送入超離地面的三萬多呎高空，在無山無水、無時間感以及等溫的空茫世界中，在古詩人所沒有的這種美感經驗與特殊的的存在情境中，去企圖表現那具有「實際的立體空間感」，且有異於古詩人的靈悟的詩境。這也就是説，如果在「問時間／春夏秋冬都在睡／問空間／東南西北都不在……／太空船能運回多少天空／多少渺茫」等詩句中，詩人對宇宙萬物存在所產生的靈悟情境中也呈露有「圓渾」感，則這「圓渾」感中的「圓」形，是有西方科學性的「立體空間架構」包容在其中的；而王維詩中的「山色有無中」與陶淵明詩中的「悠然見南山」，其詩境所呈現圓渾感中的「圓」形，只是在純然中不斷「昇華」的圓，並沒有納入西方科學性的實際立體空間感，也沒有接受現代科技文明沖激的影跡。

這種相異性便説明現代詩人站在向前推進的「第三自然螺旋形架構」中，所表現的突破以及建立一己新的創作意念與境域，且對傳統進行著具有昇越與拓展的工作。

(三)「第三自然螺旋形架構」替現代都市詩人不斷護航

由於人類投入巨大的精力、人力與物力所創造的科技與物質文明，都大多往「都市」裡去；求生存與發展的大多數人，都多往「都市」裡跑；大多數詩人與藝術家都住在「都市」裡；「都市」的生活圈，又隨著密集的交通網，日漸把農村與田園都網進來……，像這樣，「都市」怎能不成為全人類生存具有優先性與吸力的生活領域？「都市詩」又怎能不成為各種詩型中，表現現代人生命、思想與精神活動型態，較具前衛性與劇變性的特殊舞臺？

誠然「都市詩」確是傳達這代人生活實況具有透視與剖解實力的特殊詩型。因為「都市詩」一直在追蹤且掌握都市文明所不斷展現的「新力」、「新象」與「新境」，這對現代人尤其是現代詩人產生「官能」與「心態」雙向活動的特殊美感經驗，在這方面，確有重整與創新的無限功能，而有助於詩創作不斷向前推展與突破，產生新的藝術表現手法，避免詩滯留在缺乏新意且含有惰性與疏離感的陳舊形態之中。

可是，「都市詩」又不能只在「存在與變化」中抓住物質化與表面化的「新象」，它尚須進一步探入內心「第三自然螺旋形架構」所旋開的內在N度空間，去抓住深一層的真實存在，而感知「前進中的永恆」，使詩不是短暫的新奇的流行物，而是永遠與人與心連在一起的豐富的生命資源。因而「第三自然螺旋形架構」便也無形中在為現代「都市詩」護航，直指出兩個相當可靠與理想的航向：

1.「都市詩」創作者應以「心輪」帶動「齒輪」；也就是說，都市與科技「文明」的力量，仍必須以「心」去操縱，並使之轉化進入目前人類正再度追求的「新人文精神」的佳境。因為離開「人」的一切，若不是尚未誕生，便是已經死亡。難怪有一位雕塑家，曾將自己以壓克力材質所完成的雕塑品頂端，用手劈斷，讓血流入作品裡去，滲入心性人性，才充分感到滿足、驚喜，以及覺得作品有「活性」與「溫暖感」。可見一切「美」的存在，呈現於詩與藝術，都永不能離開人的「心感世界」，尤其是那經過轉化昇華進入更高層次無限地包容的「第三自然螺旋形架構」的「心感世界」。

2.「都市詩」創作者追索科技文明軌道，以及透過智識與理論性的觀念所展開的想像空間，雖不容忽視，但注入真實人性的切割力，抓住「生命」與「血」的聲音，更值得重視。這是所有從事心靈與精神永恆作業的作家，均必須堅守的，否則，「物抒」與「心感」沒有切實的交溶與掛勾，便難免呈現存在的冷漠性與疏離感，並失去作品對內心永久且絕對的襲擊力與誘動力，甚至引起人類內在生命產生第二度更為嚴重的鄉愁。這種鄉愁便是人被關入冷然的「物性」與「理性」思考世界，而淡遠了溫潤的「人性」、「心性」，所引起的較之都市「電燈光」望著田園「菜油燈光」所引起的第一波鄉愁更可怕，因為那是人離開了「人」的原本生命的故鄉。由此可見，將科技的理運空間與人文的靈運空間送進內心「第三自然螺旋形架構」去溶合成溫潤幽美的心象世界，確是「都市詩」必須深加省思與必須堅持的創作導向。

(四)「第三自然螺旋形架構」替可能偏航的後現代創作者乃至人提出防範與救援策略

當西方思想家提出「後現代」不同於「現代」的思玫形態與架構等種種論調時，任何一個具有醒覺精神的人，尤其是內心特別銳敏的詩人與藝術家，都勢必從真實的生命活動環境與景象中去做印證與提出質疑，方能指認其論調的確實性與影響力。若如此，則我們會比較重視後現代思想大師德希達（Jacques Derrida）與詹明信（F.Jameson）等談到那些與詩人文學家與藝術家創作世界均有關的兩項關鍵性問題：

1.德希達（Jacques Derrida）在「後現代」思想層面上，對於「解構主義」論題中談及「〇度創作（Zero Degree Creating）」的問題。

2.詹明信（F.Jameson）在後現代情況，對整個人類存在世界提出可慮的驚訊：目前，人類已逐漸活在沒有深度、崇高點，以及對歷史遺忘的狀況下。

對於德希達談到的「零度創作」觀念，我將它置入我在「第三自然螺旋形架構」觀視人類生命真實活動過程的掃描鏡中，不能不客觀地指出它的實在性。的確，當人類在以往生活中，極力企求各式各樣的「權威性」、「絕對性」、「完美性」與精神存在的「頂峰」世界，都大多換來不同的苦痛以及不如意，而且生活得太費心，好像「自由」仍有限制仍有框架，便乾脆將眼睛放低下來看，除去一切不變的規範與偶像所加的負荷力與約束力，讓生存空間一直清除與空到零度重新開始的位置，讓新起的一切，排除舊有、且自由任意的進出，並建立新的空間秩序與存在情況。在這樣「前」與「後」、「新」與「舊」隨著文明的外來變力，進行快速捷便的交接之間，無所謂

「歷史感」、「永恆性」，連「心靈」也不必驚動，只是許多不帶根、來了便去的新異性的片段之裎裸。生命與世界，便像是電影鏡頭上一連串不斷出現與隱沒、不必我們深思的景象，放完為止。在「來」與「去」之間，永遠是一個○度的虛白（虛無）空間，等待著另一個「來」與「去」。像這樣，何止是以往「達達」的意念，在我看來已是一種「超達達」的澈底且具體的行為；像這樣的○度空間，連上帝都要問自己究竟在那裡？如何讓傳統倫理道德、莊嚴、神聖、崇高等這些高層次的文化精神意念永遠留在那裡？如何讓杜甫、李白、貝多芬、米開朗基羅與莎士比亞等偉大的精神塑像永遠在時空中浮現？

如果德希達談的○度創作意念，是被誤看成朝上文說的方向發展，那則是替沒有真正精神思想實力與生命潛力之徒，從事浮面、流行、粗糙、品質低劣的大眾型文化與文學藝術，大開便門。我站在透過詩與藝術從現實中超越與轉化所形成那深具有人文與人本精神的「內心第三自然螺旋形架構」觀點上，是難能接受與贊同的。我雖同意前面「新」來的力量，能將後面「舊」的存在突破與解構重建，但並非全面的否定，而是必須確實具有超越舊有的實力，且能繼續變成「螺旋型」推進的爬昇力。否則將失去累積性與連貫性的建設效益，而使人類所不斷努力創造的世界，像用了便丟的保麗龍瓶罐。我並不擔心將世界與生存的空間，推到○度虛空（虛無）的位置，因為世上許多大思想家也一直與「虛空（虛無）」在一起下「圍棋」。我是擔心從○度重新走出來，究竟是掙脫一切約束、自由自在、往來於「內心第三自然螺旋形架構」與永恆基型中的新的「老莊」，還是無知地否定一切走在都市文明熱鬧街頭的混混之徒？即使我們能以包容態度願意接近乃至接受○度創作的觀點，但我們仍不能不要求在創作中，建立真正的「新的實力」與「新的秩序」；我們不願看到在人類經由高度智慧所不斷創造的「文化城」裡，到處在炒流行、新潮、浮面的熱風，到處擠滿紊亂低水準的文化攤販，而看不見沿著「螺旋型」昇展的高層次與大景觀的文化企業大樓。

至於詹明信認為在後現代人，已活在沒有深度、崇高點以及對歷史遺忘的世界中這一點，在我「內心第三自然螺旋形架構」對人類生命真實活動的掃描鏡中，那確是目前一個存在的事實；但我認為那絕不是存在的永久真理。

的確，人類逐漸被現代文明高度發展的「急速度」、「物質化」與「行動化」的生存處境打敗了；尤其是被「速度」打垮了。

在農業社會，牛車走的速度很慢，它在寧靜廣闊的大自然裡走，走一步，人與車可停下來，有時間靜觀生命與大自然是如何進入「山色有無中」的形而上精神境界。但後來有了蒸汽機、汽車、飛機，速度加快了，人從田園走進都市，建築物圍攏來，在街口，把天空與原野吃掉；一種存在的焦急感、緊張、動亂、與空間的壓迫感，使人內在產生潛意識的抑壓作用，加上人在第二次大戰中受到的傷害與苦難，再送到都市機械快速的齒輪上，又再絞痛一次；以及尼采愚人將自我存在的主權從上帝的手中拿回來；於是一種從內心激發出對人存在價值的探求與精神往深廣度提昇，乃充分表現人對現實生存處境產生至為強烈的抗力。文學家與藝術家雖已開始對所謂永恆與崇高的內在世界提出質疑，但卻沒有放棄對內在精神世界進行嚴肅與更深入的探索與開拓，以建立人與自我的尊嚴。

這一「階段性」的不同於田園型的特殊生存空間與情況，或許就是大家所謂的「現代」情況。當較汽車飛機更快的火箭、太空船與電腦等光電科技資訊不斷出現，將人類推入高速的生活環境，人便幾乎被越來越快的「速度」、越來越發達的「物質性」與越來越偏重的「行動化」，一層層的捆綁，甚至一層層的覆蓋與掩埋，直至內在完全失去省思、靜觀與轉化能力，以及空靈變為靈空為止。如此，人的內在便完全失去「現代」情況時期對「速度」、「物質化」、與「行動化」等重壓，所表現的質疑與反抗以及無力感，甚至被動地全面接受。這可從人們目前的生活層面上獲得證明。

當一群人急急衝過斑馬線，湧著進餐廳飯館、服飾店、百貨公司、超級市場、MTV、悠閒中心與酒吧，以及大街上千萬輛車追趕著速度，「世界」便擁擠在物堆裡、喘息在速度中，尤其是當掃描鏡照入卡拉OK，一大群人用腳拚命的跳，用嘴拚命的叫，使身體拚命的擺動，這都揭露大多數人的確在「後現代」，已被「高速度」「物質化」「行動化」等全力擒住不放。

像這樣，那裡來的精神「深度」、心靈的「崇高點」？當這一秒鐘還未定下來，另一秒鐘已把另一些事情塞給你，你如何去回顧背後的「歷史」？在後現代，一切都將推給科技資訊，交給直接經驗，大多數人是去看TV、看女人、看高品質的流行服飾，看大廈的室內裝潢、看鈔票，還是去看埋在文字堆裡連知識分子與所謂文化人都難找到、也不太想去找的豪華意象——精神境界？像這樣，便多麼有利於詹明信在「後現代」這階段性的時空位置上，將人類指控為「沒有深度、崇高點以及對歷史遺忘」的人。這個冷酷的事實，在我「第三自然螺旋形架構」的掃描鏡內，也不能不承認它的存在，只是我不能承認它是人類存在永遠持信的導向與真理。而且我仍然相信把詹明信筆下所裁決的那個失去形而上昇力的人，送到詩人與藝術家內心長年居住的故鄉「第三自然螺旋形架構」世界去療養，是可望恢復其精神形而上的昇力的。

因為經由詩人「觀察」→「體認」→「感受」→「轉化」→「昇華」的創作思想運作過程，使「第一自然」與「第二自然」的現實生存空間，轉化為內心的「第三自然螺旋形架構」，便能產生形而上的昇力；站在寒江邊，不但能看到柳宗元在釣魚，也可看到柳宗元在釣雪——在釣整個宇宙荒寒孤寂的感覺。如果人類真的一直被「高速度」、「物質化」與「行動化」封鎖在詹明信指控的沒有「深度」與「崇高點」以及「對歷史遺忘」的現實與冰冷的客觀世界中，而人類內在熱動與靈動以及充滿潤化力的暖式世界便將關閉，那麼通往「第三自然螺旋形架構」的世界之道，也將因而中斷，詩人與藝術家也無路回到自己的家——「第三自然螺旋形架構」世界，只好下放與流落在急變的現實中，被冷落成為客觀存在做「抄寫」工作。因為都市外在的速度太快，詩人抬頭望明月，「低頭」便不是「思」藏在「第三自然螺旋形架構」世界心境中的「故鄉」，而是發生「車禍」。當通入內心世界的聯想線路不斷被齒輪的高速度切斷，「時間」與「生命」便也在都市文明龐大的櫥窗裡，成為無數陳列的碎片。在此刻，人類能不覺醒並且向「第三自然螺旋形架構」世界去請求「美」援嗎？在詩人與藝術家居住的「第三自然螺旋形架構」世界全然開放的N度空間裡潛藏有下面兩項重大的資源：

(1)時間造型觀念的統化力。「第三自然螺旋形架構」世界雖也承認高速發展的現代文明所呈現的「存在與變化」進步情形，但它對現代文明所強調「存在與變化」所帶來相連性的冷漠的否定與切斷情形也有意見。它是將「現代」兩字的「時間感」視為「這一秒」同「上一秒」與「下一秒」相融合、整體存在成一「前進中的永恆」時刻；它不但含有「存在與變化」的進步狀態，而且流露出超越文明的「文化性」與「史性」，不像現代文明所掌握的「存在與變化」，多是進行不停的淘汰、淹沒與遺忘。這樣看來，「第三自然螺旋形架構」世界所呈現整體性的時間觀念造型，對於生命與時間被現代文明高速齒輪輾成碎片，最後是有重新溶合的力量與功能的。

(2)空間造型觀念的統化力。「第三自然螺旋形架構」世界緣自「觀察」→「體驗」→「感受」→「轉化」→「昇華」的思想運作過程，這之間，因「轉化」與「昇華」的潛在形態含有迴旋的變化「圓形」，也含有向頂端玄昇的「直展形」，便在互動中融合成為一螺旋塔的空間造型世界。如上面已說的，它既有向前向上突破的尖端，也有變化與衍生的穩實的圓底。這樣，世界便不會只單向跑在物質文明高速向前推進的緊張、僵冷與單調的直線上，也不會只重複地繞著一個安定不變的圓在轉；這樣，人類智慧的創造，便沿著螺旋形不斷的爬昇：塞尚印象派以前的具象畫，經過現代抽象的表現過程，雖又一度回歸到具象的表現，但絕不是原來的具象表現，而是所謂新寫實與超寫實，於接受科技媒體與透視學的有利因素，便把具象如蘋果的果肉、果汁與纖維都畫出來。雖都是畫實物，但新寫實已通過抽象的內在過程，同過去的寫實已拉開一段「進展」的距離，在不同層面的「螺旋形世界」裡，雖相對視，但已是站在不同的基點上。如果只是「直線」，則只能將原樣的具象畫，畫得更好，不會有新寫實的創新畫；如果只是一個不變的單圓，那麼畫來畫去，便會畫成僵化的標本畫了，如許多畫山水的假文人畫。

我覺得「螺旋型架構」世界，不但是人類生命存在與智慧創造的一個理想與永恆的基型，而且因為它的空間造型，既含有建築性的層次構架，以及有三角形、方形、長方形等的幾何形蘊藏其中，又有靈動與韻律的曲線以及圓渾的圓形，在同整個存在空間相融合……像這樣的「螺旋型架構」造型世界，便顯然已納入人類生命活動的「靈運」與「理運」兩大空間。如此，它是否又可有助於整合近乎兩極化的東西文化，而成為全人類文化發展的理想基型？

我始終認為「第三自然」中的「螺旋型架構」世界既有旋上去的無限頂端，也有旋進去看不見底的深層，以及有連貫性發展的脈絡與軌跡，它在面對詹明信指控人在「後現代」已活在沒有「深度」、「崇高點」以及「對歷史遺忘」等狀態時，應可獲得改善的可能與理想的答案。

事實上，誰會相信世界上只有隨著天氣變化東飄西盪的浪面，而沒有深沉（「深度」）海底的海？只有低高度的山腳與山腰而沒有山頂（「崇高點」）的山？只有「現在」而沒有連住「過去」與「未來」之間的「時空連線」之存在？

我站在「第三自然」的「螺旋型架構世界」裡，認為詩人與藝術家既是開拓人類內在更深廣的視聽世界，則應該反對「浮面」、「淺薄」與「流行性」的氾濫，並繼續在詩中探索與建立一個具有「美」的深度與不斷向頂端爬昇的創作世界，這個世界，確具有「現實」與「永恆」的雙重實在性，並永遠存在於人與萬有生命的永恆架構中。

(五)「第三自然螺旋形架構」重現「永恆」的形象

由於「第三自然螺旋形架構」，在360。不斷旋轉超越而上的動勢上，已打破古、今、中、外的時空框架，並獲得無限演化的自由存在空間，使「過去」、「現在」與「未來」在相脈動中，獲得「通化」與「互動」的整體時間效應，因而能使「傳統」

固守的「拉力」變為「推力」，加強「現在」同「未來」的引力相匯合的聲勢，於生生不息的向前邁進中，連結成一前進的「永恆」存在的形態。

的確，站在「第三自然螺旋形架構」上，以巨視的眼光來看，誰能否定「山色有無中」的境界，不是一直存在於「永恆」中，又有誰能否定被全世界各地紀念死了兩百年的莫扎特的偉大音樂，是一直在「永恆」中回響？即使是在各說各話的「後現代」，誰又能將世界性與歷史性的偉大人物如杜甫、貝多芬、莎士比亞、米開蘭基羅、克利、米羅、康利摩爾以及孫中山、林肯、愛因斯坦、亞利斯多德等人，請出「永恆」的回顧？其實「永恆」對我們而言，是一種永遠死不了的存在，而「第三自然螺旋形架構」便正是使人類站上去，不斷去觀看去探視那種不斷突破過去，現在與未來的永遠停不下來與死不了的超越的存在。

事實上，我們每天被一種莫名的生命力與希望所引領，不斷向下一秒鐘進發，同一切事物在不同的遭遇中接觸，引發出內心對存在產生一種專注、信賴與嚮往，這都可說是無形中同廣義生存的「永恆」感有連線，不一定要像教徒在向上帝禱告時，方可能與「專利」的「永恆」來往。而且在現代，「永恆」已非上帝的私產；凡是靠你心靈最近且不斷在記憶中發出回聲與使你永遠忘不了的，都可能是與「永恆」扯上了關係。

由以上所說的，可見「第三自然螺旋形架構」在現代急速的「存在與變化」所造成不斷的遺棄中，以及在習慣信仰上帝「永恆」世界的固有模式中，它透過不斷超越與昇華的創作生命，確已發現與重認到另一種「永恆」存在的形態，它便是我所謂的「前進中的永恆」它在歲月與時空中，顯示一種永遠不死的超越的存在。像上面所提到的那許多不斷在歷史中重現的偉大人物的生命形象，他們偉大的創作精神已進入湯恩比所認為的「助使人類尋找到在宇宙之中、之後、之外的超越的真實」之具有永恆感的存在。當然，這同教徒心目中所始終信仰的「永恆」世界雖相似，但不完全相同。所以，我們站在「第三自然螺旋型型架構」上，可以說：「詩人與藝術家創造人類心靈另一個令人嚮往的永恆世界，是同上帝永恆的天國，門當户對的。」

註：此文是從我一九七四年寫的論文「詩人創造人類存在的第三自然」（發表在一九七四年七月37期「創世紀」）進一步，探索擴大寫成。

海內外名詩人學者詩論家眼中的羅門

——回響來自孤寂的深谷

空茫的時空

天地線最後的那根弦

海內外名詩人學者詩論家眼中的羅門

●詩人楊牧教授在出版《羅門詩選》時認為：詩人羅門是詩壇重鎮，詩藝精湛，一代風範。（見《詩眼看世界》一九八九年師大書苑出版）

●詩評家張漢良教授評介羅門時說：羅門是臺灣少數具有靈視的詩人之一，反映現代社會的都市詩，他是最具代表性的詩人。（見張漢良：《分析羅門的一首都市詩》一九八七年五月一日出版的《中外文學》）

●評論家蔡源煌教授對羅門創作的某些看法：羅門所要表現的，也就是他所謂的「第三自然」，第三自然的塑造，是以萬法唯心為出發點：包括了超越、永恒的追求，乃至原始基型的援用。（見羅門：《有一條永遠的路》一九八九年四月年尚書出版社出版）

●評論家鄭明娳教授曾在論文〈新詩一甲子〉中指出：羅門是當代中國詩壇都市詩與戰爭主題的巨擘。（見《自立晚報》一九八六年六月十四日副刊）

●詩人兼評論家羅青教授稱譽羅門是現代詩人中最擅長使用意象與譬喻的詩人。（羅青：《羅門的流浪人》見大華晚報一九八七年三月五日副刊）

●詩人兼評論家林燿德在論文〈羅門都市主題初探〉中說：羅門是「在文明塔尖上造塔」的詩人。（見《藍星詩刊》第六期一九八六年元月份）

●詩人兼散文家陳煌在論文中說：羅門是「都市詩國的發言人」。（見《都市詩國的發言人》《臺灣時報》一九八四年十二月二日）

●詩人兼評論家蕭蕭說：羅門的詩，具有強大的震撼力；他差遣意象有高人一等之處。（見蕭蕭《心靈的追索者——羅門》一九八〇年故鄉出版社出版的《中國白話詩選》）

●詩人兼散文家陳寧貴說：羅門，已成了現代詩的名字，他是現代詩的守護神。三十年來，他放棄了一切物質的享受，把自己獻給繆斯。然而這期間卻有不少詩人拋開了繆斯，把自己投入現代文明物質享受的虎口中。在近代詩壇上，像羅門如此純真、專一的詩人極為罕見。加以他取之不盡、用之不窮的才情，使他從事現代詩創作三十餘年，已為現代詩開拓一條嶄新亮麗的大道。有時我想，如果現代詩壇沒有羅門，將是多大的遺憾。（見陳寧貴《月湧大江流》一九八四年十一月十七日《自由日報》副刊）

●早期以才情突出詩壇的詩人阮囊說：我讀羅門的作品，一向使我感到花團錦簇，光芒四射，令我目不暇瞬，不管從那個角度看，羅門的智慧、思想、人性的光輝、統馭詞彙的能力，都駕乎我們這一代詩人……在詩的王國裏，羅門永遠是那麼豪華，那麼富有……（見一九七一年《藍星年刊》中《從批評過程中看讀者，作者，批評者》）

●詩人王潤華教授讀羅門的〈麥堅利堡〉詩，曾在文章中發表感想：英國詩人P.Larkins的〈上教堂〉是呱呱叫的作品，在倫敦被視為最透視人類精神的，但我認為比

不上羅門的〈麥堅利堡〉……。（同上）

●名學者文學批評家施友忠教授在英譯《中國現代詩選》的導言中曾說：

「對中國新詩人來說，寫詩是人生最嚴肅的一件事，羅門主張以詩來拯救人類於沙特所謂的虛無與絕望，此是他極為個人的經驗，一個優秀的詩人，不僅只求表現情感或解釋外在世界，或甚至傳達思想，他更要深深地探索他自己的存在，尋求真實的自我。……」（〈日月的雙軌—羅門蓉子合論〉文史哲出版社出版一九九一年）

●詩人兼詩評家張健教授對羅門的「都市之死」詩的佳評：「都市之死」是羅門的力作。那種寓批判於感受的作法，自非無前例可援。而主題之凸現，又較同型的「深淵」（瘂弦）、「咆哮的輓歌」（方辛）為甚。除了朗然的風格外，更予人堅實矗立的感覺—大刀闊斧的比喻之羅列，破釜沉舟的死亡之爆發，造成了一股鮮有其匹的尾聲。—它比瘂弦的「深淵」觸及的面廣泛，與現實則多了一層象喻式的距離，但此點並未減弱了其雄渾的力量。較之「咆哮的輓歌」，它沉著些，焦點也清晰些。（見張健：《評羅門的都市之死》一九六四年三月《現代文學》季刊）

●詩人兼詩評家陳慧樺教授說：讀羅門的詩，常常會被他繽紛的意象，以及那種深沉的披蓋力量所懾罩住……，不管在文字上、意象的構成上等等，羅門的詩，都是最具有個性的。他的詩，是一種龐沛的震憾人的力量，時時為「美」工作，是一種新的形而上詩……。（見陳慧樺《論羅門的技巧》一九七一年《藍星年刊》）

●詩人兼詩評家季紅說：羅門無疑是今日現代詩壇一位重要的詩人，他的前衛意識，他的創造精神，他的深刻觀察與他突出的表現，都使他成為重要的詩人。（見季紅：《詩人羅門》一九八一年九月《中外文學》）

●詩人兼詩評家陳瑞山教授說：「羅門的作品，按今日世界先進國家文明的發展趨勢來看，在未來的世界中當屬一級。這是從羅門的詩所探觸的深、廣度看；更重要的是他的詩是當今時、空中『活著的』詩。它們活在今日的每一時空分子中，這也就是羅門詩作先後會有學院派的學者之研究的最大基點。」（見陳瑞山：《意象層次剖析法》一九八七年《文訊》雜誌）

●青年詩人兼藝評家呂錦堂在評介羅門時說：羅門是位才華横溢的作家，他以銳敏的靈覺去從事藝術的探索完成許多豐富人類心靈的詩作，是一位享譽國際文壇的中國現代詩人，也是一位推動中國現代詩的健將，其作品無論深度、廣度與密度都十分完美。其詩作予吾人的印象是氣勢磅礴，富於陽剛之美，他將全生命投入藝術，擁抱藝術，故作品有著強烈的生命力……。（見一九七八年六月《山水詩刊》）

●詩人兼散文家陳煌說：以追求藝術的永恒之心來講，羅門算是最能掌握其最內裏最震撼的那刹那脈動的詩人，對人性——或者談所謂的生命的詮釋，以及內心的審視反省，羅門似乎肯以整個心去投入，去透視——這點，表現在詩上的成就，不但在質量和數量上皆較同世代其他的詩人都豐富，眼光尤鞭辟入裏。看來，羅門是一個

永遠對生命忠誠而渴求自省批判的詩人。（見陳煌《曠野的演出》一九八一年《陽光小集》詩刊夏季號）

●詩人和權說：盛傳羅門先生豪放不拘，文采華美，是臺灣少數具有靈視的「重量級」詩人，也是一位飲譽國際文壇的中國現代詩人。〈羅門詩選〉，愈讀愈有味，深覺得羅門先生感情真摯而眼光銳利，意象繁富語言亮麗，幾乎篇篇皆有強大的撞擊力。用字精確，節奏的操縱十分圓融。可以預言，羅門先生許多巨構型作品，將會星斗一樣地均佈在歷史的夜空裏，永遠閃爍著迷人的光芒。

羅門在中國現代詩壇，無疑是風雲人物。他創造了自己獨特的聲音，完成的每篇作品都有超卓的表現，而種種活潑的意象，被他大量地使用著，他的詩有澎湃激越的情緒，也有平穩的情感，不但引起海內外眾多讀者內心的共鳴，也使萬千讀者在細細品讀他的詩作之過程中，產生快感與美感，同時獲得啓示。

他被稱為「重量級」的詩人，印證於他技藝上乘的作品，誠非過譽。（見《門羅天下》和權：《迷人的光輝——論羅門的詩》文史哲出版社一九九一年）

●曾任晨光詩社社長、任教實踐專校的詩人葉立誠，他以〈詩壇五巨柱〉為題，評介詩人羅門時他說：羅門是當今詩壇具影響力、成就斐然、獨塑一格的詩人，「詩風堅實、意象朗暢、音響跌宕，」藉直視的外在觀察與體認，透過昇華、交感的過程，而精鍊出靈視無窮的內在心象世界，將心靈的活動融注在詩境，表現詩人個人內心對生命存在感知的「有我之境」與物我兩忘、又兩在的「無我之境」，是極獨特的藝術觀。他不時強調藝術與生命結合，導引出一份強烈的關懷與執著。羅門在漫長的詩路生涯中，之所以屹立不搖，廣受詩壇尊崇，正是本持「人詩合一」的哲理了。較其他詩人，羅門曜能本著藝術家的精神，歸向若似宗教家的廣博胸懷能像一面透視的廣角鏡，從心靈擴充至整個藝術宇宙。（見一九八九年《藍星詩刊》廿一期）

●詩人張雪映說：羅門是一位較為「直感」的詩人，他直接地「自覺」於內心最原始的生命力之悲劇精神，我們可從羅門大量作品裏，窺出他面臨現代都市文明與戰爭、死亡與自我的關係，在在呈現出羅門內心所欲渴求的超越性，欲藉著他所勾勒出來的媒體意象，引導著同感的讀者走向孤寂沉思的高峯，並運用他超越性的動感語言，加速著讀者血液的循環、與強調出內心的震撼。在羅門諸多的詩作中，〈麥堅利堡〉成功地達到了上述的境界。（同上）

●評論家鄭明娳教授評〈羅門詩選〉：〈羅門詩選〉很能呈現作者個人的發展及成長的軌跡，又能結合時代精神，具備現代化觀點，他誠然是位不屈不撓，把生命奉獻給詩神的桂冠詩人，不愧是現代詩人的典範之一。我們衷心盼望在〈日月的行蹤〉之後，羅門的創作生涯將比日月走得更遠。〈第九日的底流〉一書出版後，風格丕變，雖然他的語言仍有深厚的抒情風格，但是在詩想和詩質上都轉入高度的知性層次。在雄厚的思想架構上，發展出主題與技巧並重的幾個大方向。他最重要的幾首詩如〈第九日的底流〉、〈麥堅利堡〉、〈都市之死〉等都是此一時期的作品。〈第九日的底流〉實為羅門的躍昇期，在短短數年間，完全擺脱一般詩人持續甚久的少年浪漫期，一轉為成熟深刻的思想家形貌，用語言的魅力建構出一個羅門式的心靈世界。〈第九日的底流〉一詩是羅門第一次大規模製作以死亡與心靈為主題的詩篇，且已經援用「圓」、「塔」及「河流」三大造型來進行他內心世界的層層探索。羅青稱譽他是現代詩人中最擅長使用意象與譬喻的詩人，在此輯中可以得到印證。〈都市之死〉是羅門另一重要的發軔。他被陳煌譽為「都市詩國的發言人」，評論家康旻思也曾在〈草根〉詩刊〈都市詩專號〉中揭示羅門都市詩的貢獻及深遠的影響。（見鄭明娳《比日月走得更遠》一九八六年六月一日《大華晚報》副刊）

●時報文化出版公司出版羅門〈曠野〉時，鄭重推介：〈曠野〉是羅門的第五本詩集。是此位現代主義的急先鋒，在寫詩三十年之後的重新出發。羅門詩作的最大特色，在於他豐富的意象、新鮮的感性和充分的現代感。他能融合現代畫的構圖、現代電影的蒙太奇及現代小説的意識流，交織成萬花筒般魔幻的世界。他用「曠野」象徵現代精神生活的荒涼，但也暗示了它的遼闊和無限的可能性，比諸艾略特的〈荒原〉，有異曲同工之妙。如果在今天要找一個最能表現都市文化的詩人，羅門無疑是個中的代表。（見時報文化出版公司一九八一年《新書二〇種》出版書報）

●洪範書店〈羅門詩選〉的出版評論：這位被看成「重量級」的詩人，的確具有他與眾不同的特殊面，他對詩與藝術所表現的近乎宗教般虔誠與執著的情懷，以及一直強調現代詩與現代藝術的原創力、新穎性、現代感與前衛意識，是至為強烈與突出非凡的；同時他透過詩，採取心靈的廣角鏡，突破所有偏狹的視道，多向性地探索現代人內在世界活動的境域（包括自我、性、都市文明、戰爭、死亡與時空等生存層面）是具有極銳利的透視力與洞見的，因而能兼顧與掌握創作的深廣度；尤其是他繁富傑出的想像力，使意象世界不斷向詩境放出卓越的光能，是強大且具震撼力的。（見陳寧貴一九八四年七月《洪範書報》中的論文）

●光復版〈整個世界停止呼吸在起跑線上〉的出版評介中指出：這是一代大師羅門石破天荒的新作。對於文明、戰爭、都市及大自然主題，這位孤傲高貴的現代精神掌旗人，持續他心靈的透視和省思，音韻鏗鏘、形式壯闊，其中傑作如〈時空奏鳴曲〉，大膽揭露中國人的命運，感人至深，是現代史詩的經典之作。（見光復出版社一九八八年出版叢書主編的評語）

●第一屆世界詩人大會在菲律賓馬尼拉召開，大會主席尤遜（Dr.yuzon）在開會典禮上曾當著數百位來自美國、蘇聯等五十多個國家代表，讚說：「羅門的『麥堅利堡』詩，是近代的偉大作品，已榮獲菲總統金牌詩獎」。

美國代表凱仙蒂・希兒（Hyacinthe Hill）女詩人，是大會風頭人物。她的作品曾與美著名詩人龐德（Ezra Pound）、惠特曼（Walt Whitman）金士堡（Ginsberg），康敏思（E.E. Cummings）、狄更生（Emily Dickinson）等選入一九六九年在美出版的『The Writing on the Wall』詩選。她讀過「麥堅利堡」詩後，寫出她的感言：「羅門的詩有將太平洋凝聚成一滴淚的那種力量（Lomen's poetry has the power of the pacific ocean distillate to a tear）」

美國詩人代表高肯教授（W.H. Cohen）他也是這次大會的活躍人物。曾是美國大專學校的駐校詩人，於民國六十八年（一九七九）應聘來臺任政大客座教授，讀過「麥堅利堡」詩後寫出他的感言：「羅門是一位具有驚人感受性與力量的詩人，他的意象燃燒且灼及人類的心靈……我被他詩中的力量所擊倒。（原文：Lomen is a poet of astonishing felling and power, his images sear and burn mens being.....cohen who is auestruck by the power of his poetry）」。

● 美國詩人代表李萊・黑焚（Leroy hafen）博士，在各國代表到馬尼拉近郊參觀「麥堅利堡」軍人公墓時，他提議由他朗誦羅門的「麥堅利堡」，並請大家於朗誦前向七萬座十字架默哀一分鐘，在低沉陰暗的天空下，讀完，至為感人，並寫下他的誠心之言：「李萊・黑焚能在麥堅利堡十字架間為世界詩人大會朗讀這首偉大的詩，使我感到光榮（Leroy hafen was honored to read this great poem for the world Congress of poets amid the acroses at Fort Mckinley）」（見文史哲出版社一九九五年出版羅門創作大系—「麥堅利堡」）

●美籍教授卜少夫博士（Robert J. Bertholf）在寫羅門蓉子「日月集」英文版詩集序言中說：「羅門的『都市之死』這首詩，近似是中文的T.S艾略特的『荒原』……」

●詩人兼詩評家張健對「麥」詩的佳評：「這首詩給予人心靈上一種肅穆的窒息感……，這首詩是氣魄宏壯，表現傑出的；而且真正地使人感覺到自己讀了這首詩就如身歷了那座莊穆而能興起「前不見古人，後不見來者的紀念堡。」我不想引太多割截下來的佳句，因為他正像「一幅悲天泣地的大浮彫」，作者在處理這首詩時，他的赤子之誠，他的對於歷史時空的偉大感、寂寥感，都一一的注入那空前悲壯的對象中，我也許可以果斷地說，這是年來詩壇上很重要的一首詩……羅門這首詩是時空交融，是真正地受了靈魂的震顫的……」（見張健《評三首麥堅利堡》，文史哲一九九一年出版的《門羅天下》）

●詩人兼評論家林燿德在論文「論羅門對於戰爭主題」中說：「……名詩人麥凱（J. Macrae的『在梵蘭特戰場上』一詩，並未流入戰爭的本質……未能如羅門在『麥堅利堡』詩中，與神之間的辯證。……另覃子豪『棺材』一詩，以棺材的意象解剖戰爭的冷酷，但是未如『麥堅利堡』，在雄渾的氣勢下給予戰爭一個多歧義的問號，這個問號其實也是人類存在的答案……『麥堅利堡』是以巨視的觀眼去看被戰爭摧毀的生靈……筆者認為羅門在戰爭文學的傳統上，繼承抗戰以降中國詩人人道主義

的精神，並且在內涵以及表現手法上都有青出於藍的成就。）」（見〈羅門論〉林燿德著，師大書苑出版一九九一年）

●詩人兼散文家陳煌在「談羅門詩中的戰爭表現」論文中說：「……『麥堅利堡』仍如同羅門寫城市詩一樣，他帶著透視的批判性來表達戰爭詩的境界，叫人被懾於他的驚人感受力與龐沛的語言。……他筆下的詩就宛如一把利刀，以某種角度對戰爭做了最好的批判解剖……」。（見〈門羅天下〉蔡源煌、張漢良、鄭明娳、林燿德等著，文史哲出版社一九九一年）

●名詩人敻虹在六十年八月廿三日寫給蓉子的信中說：「羅門『麥堅利堡』是一首偉大的詩……」。

●傑出青年詩人苦苓來信說：「『麥堅利堡』確是一首感人的鉅作……，你在國際詩壇的地位或者就建立於此吧！在此詩內使人被無比巨大的宇宙之生命的力量衝擊得無法自己，你的敏銳與架構能力確是不平凡的。」

●名詩人菩提來信說：「讀到『麥堅利堡』詩時，便對自己說：這下子羅門了不起了，你的詩人的情操，到『麥』詩，才真正的表露出來，那是一首了不起的詩，尤其是在戰爭的夾縫中，能敢於如此澈底痛快、淋漓、壯麗、悲憫的表現出來，不是有幾十年道行的詩人，是辦不到的，包括他天生就是一個詩人在內」

●傑出青年詩人張堃來信說：「你的『麥堅利堡』，被搬上中國文學史都不能有所置疑」

●菲律賓萬象詩刊主編和權詩人讀「麥堅利堡」來信說：「最近讀了國內多位詩人以『麥堅利堡』為題的詩作，比較之下我覺得你的『麥堅利堡』寫得最出色，給人印象最深刻，我昨夜重讀你的『麥堅利堡』，深受震撼頻呼過癮而拍桌叫絕」。

●菲律賓詩人（世界日報副刊主編）雲鶴來信說：「『麥堅利堡』詩是一首不朽的創作……」

●菲律賓女詩人謝馨來信說：「練習背誦『麥堅利堡』詩時，常被詩中的字句激動的泣不成聲……羅門先生你的詩實在寫得太好了。」

●詩人高歌（高信疆）說：羅門寫詩，是有其自己的態度的。他雖然極端承認外在的環境，但也極其傾向內在；他用愛人的態度擁抱了這個世界，他也同時用哲人的靈智來安定自己；在他心靈的內外，永遠有一個對照的世界，互相凝視著，呼應著……所有他詩中的主題：生命、愛情、都市、戰爭、死亡、音樂與美、以及一切飄浮在時代上空的物慾和悲劇，都在這一相互的凝視中走出它們外在的形貌，走入他自己心靈的真實與永恒中，靜靜的溶化了……，直到最終，它們都成為了那條在他體內發出聲音的河流。（見高信疆一九七一年四月一日《幼獅文藝》雜誌中〈生命的二重奏〉）

●評論家鄭明娳教授曾在論文〈新詩一甲子〉中指出：「藍星詩社」的羅門、余光中、周夢蝶，「創世紀詩社」的商禽痙弦、洛夫等人。

他們的創作力與影響力大多持續到八〇年代以降……楊牧，是除了羅門、余光中、洛夫之外，在七、八〇年繼續擁有強大的再生力與創造力的大詩人。羅門是都市詩及戰爭詩巨擘，也是至八〇年代以來：臺灣最具思想家氣質的前衛詩人。他深受到西方各種現代主義思潮以及當代前衛藝術的影響，另一方面也掌握了東方人本主義文化的圓融與和平。他的詩語言以犀利、精確見稱，意象驚人，詩思包容的層面既廣且深，是中國知性詩派的代表性人物。他一九五八年出版的處女詩集「曙光」不脫浪漫抒情習性，但在六〇年代後連接推出的幾部詩集「第九日的底流」、「死亡之塔」、「隱形的椅子」、「曠野」，及一九八四年的「羅門詩選」，一再向現代人處身現代文明而產生的繁複心理活動，進行深沉的探索。他採取的表現手法縱跨寫實白描、象徵、超現實、魔幻寫實。透過了精密的思惟和組織，使得他超越六〇年代超現實主義潮流下產生的反理性、無秩序的病態詩風，呈露出一種意象繁複繽紛而意旨不失直接有力的面貌。羅門主張現代詩在表現技巧及內涵上都應有多向性，他試圖透過都市文明、戰爭、死亡，以及各種生存情境來追蹤人的存在，也認為現代詩人應不斷尋求語言新的可能性？注意現代詩新語言空間環境的擴建與藝術設造。羅門為當代批評家譽為具有「靈視」的詩人；八〇年代「掌握都市精神的一代」崛起，受到羅門很大的啓迪。（見《自立晚報》一九八六年六月十四日副刊）

●評論家李瑞騰教授評介羅門時說：

羅門一直想要探尋的是純粹生命本體的存在，企圖藉著凝視觀照生命體在空間的形象，甚而通過表象以進入生命最原始的曠野。他之所以選擇寫詩做為一生執守的事業，無疑是肯定透過詩之表現可以抵達他所欲追尋的終點。基於這樣的詩之觀念，羅門以自我為基點，一方面往內以挖掘心靈世界，另一方面則往外去追蹤（反映或批判）客觀世界（事象、物象）的本相，雙線平行或交疊發展，是羅門一直的創作走向。（見一九八一年《陽光小集》詩刊夏季號）

●詩人、評論家林燿德評論羅門的〈大峽谷奏鳴曲〉說：

「〈大峽谷奏鳴曲〉可說是繼羅門八〇年代完成〈時空奏鳴曲〉之後又一重量級的巨製……

將〈大峽谷〉視為羅門在九〇年代前期的扛鼎之作，以及他在自然主題方面各種經營的集大成展現，是絲毫沒有錯誤的。〈大峽谷〉全詩分為九節，第一節就以壓迫性的視覺意象迎接了讀者……，一氣呵成的綿長詩行映襯出大峽谷磅礴的形勢……更重要的是那「三條線」的強調：「牽著鳥翅與機翅在飛的那條線」再度詮解了大自然的不可征服性：「從萬里長城揮出來」的「另一條線」指出人類文明與歷史（這是延伸出平面都市之外的「第二自然」）的悠遠傳承；而「從茫茫的天地間飄出來」的「第三條線」（詩人心靈的轉義）則是「第三自然」的神奇映象，這三條線在羅門親履大峽谷之刻全部在霎時感悟而出（「握在你手中」、「三條最長的鞭子」），包含了一切宇宙萬有的三軸線在此詩中遂成為一個凸顯的重點，呼應了第九節的大統化、大通悟……

「前進中的永恆」一直是羅門念茲在茲的思想懸的，在〈大峽谷奏鳴曲〉的曲式中也成為化身萬千、寄託於三軸線的主旋律。雖然筆者不敢斷言這首詩在羅門的自然主題中是最後的力作，但是卻已建立了一個完整的思維體系，讓人想到王維的詩句：「山河天眼裡，世界法身中。」相融無數歲月，一古一今，兩個詩人在超越時空、超越流派的大境界中竟然終究在「前進中的永恆」中相會相通，這正是詩所以之為詩的暢快。（見文史哲出版社一九九七年十月出版的《從詩中走過來》論文集林燿德寫的那篇）

●詩人兼詩評家李弦教授在評介羅門時說：

羅門最近出版了詩集──「曠野」，在前行代詩人中他能持續的創作活動，而且依然保持其富於獨特風格的表現，這是當前詩壇中值得注意的盛事。

從早期，羅門就以獨特的心靈觀物，並以新的語言技巧表現其心靈世界著稱。這第五本詩集的書名，事實上也是他的意識中現代人心靈世界的象徵。因此，先談他的觀物方式：從傳統農業社會轉變向現代工業化的時代，羅門敏銳地感覺到：靜態的觀照，人與自然間的和諧、寧靜已經幻滅，而急遽，動盪的現代都市文明，勢必產生一種新的美學。羅門繼續在新的生存環境中，以他的審美經驗來彌縫人與現代自然間的關係：其中包括人與自然分離的困境，都市文明的種種荒謬……這些早期流行的存在主義所探討的主題，羅門仍舊持續地探索下去，曠野中的風景，在七〇年代邁向八〇年代的過程中，顯得較為真切而有意義。羅門是現代社會的都市詩人。（見一九八一年《陽光小集》詩刊夏季號）

●文學理論家、曾任臺灣美國文學學會會長戴維揚教授評論羅門時說：

羅門的詩作提供了一扇門，開向思維的門，如螺旋的燈塔，引領、照耀著塵世的凡人擁向光明的乾坤……。就中國詩人而言，首先倡導「空間運作」的詩人以葉維廉、簡政珍、羅門為濫殤。其中探討羅門的「空間概念」評析最多也最有深度的以林燿德在《羅門論》的「三六〇度層疊空間——論羅門的意識造形」和另一部由各家評羅門詩作的《門羅天下》中蔡源煌寫的「世界的心靈彰顯——羅門的時空與主題初探」最具深意。羅門就「空間運作」的詩作和詩評堪稱數量最多、面向最廣。是大家的最愛。

羅門在不同的思維空間，轉動著各有乾坤的思維面向，但結語處他總不忘轉向永恆的場域——指涉著那一片空茫、空無、透明的空間。這片心境反襯他形象意象世界的聲色光熱，如燈屋般引人思維這形而上／下的詩／心境。（見〈羅門蓉子文學世界學術研討會論文集〉文史哲出版社一九九四年）

●大陸名學者文學批評家劉夢溪說：

中國當代文壇文學伉儷並不是絕無僅有。但可以同時成為文學研討對象的文學伉儷可不多。這樣的對象，必須旗鼓相當，各樹一幟。「夫因妻顯」或「婦藉夫榮」者，不具有共同研討的條件。羅門和蓉子，同為詩人，各有各的文學成就。他們是疊印而不重複的。初讀羅門詩，我被驚呆了。完全是另外一種思維、另外一種意象、另外一種符號。仿佛是詩歌的天外來客，文學的陌生人。古往今來，弄文學的人是最沒有力量的。但羅門的詩崎崛、輝煌，有無堅不摧的力量。在羅門的詩面前，人類變得渺小。「戰爭都哭了，偉大它為什麼不笑」。《麥堅利堡》的這一詩句昭示出羅門創作的全部力量源泉，同時也是解開羅門詩歌之謎的一把鑰匙。中國文學裡有無真正的史詩和悲劇，研究者爭論不休。沒有爭論的是，由於中國文化的特性，使得我們中國人向來缺少悲劇意識。現在有了——我們在羅門詩裡看到了，這便是羅門詩力量源泉的所在。而且不要忘記，從這裡出發，才有可能最終開闢出為中國文化確立信仰之基的土壤。（見〈羅門蓉子文學世界學術研討會論文集〉文史哲出版社一九九四年）

●大陸名學者文學批評家謝冕教授說：

羅門他的詩豐富詭異而多變。羅門的天空是浩瀚而神奇的。他的奇思令批評家感到了追逐的困窘。越是豐富的詩人這種追逐就越困難……

中國幅員之廣大以及歷史的悠久深厚，易於造成一般詩人的文化心理自足狀態。中國詩人很難就此跨出一步，即使是曾經遠跡重洋的遊子，跨出之後也常收回那邁出的一步而重返那一種封固停滯的古典氛圍和情趣之中。因此中國新詩史上真正進入世界的詩人並不多見，這就使我們饒有興味地面對羅門所展現的這一片奇異的天空。羅門的天空遼闊浩大並不由於題材涉及的廣泛，而是他的文化心理的姿態。他的心裝容了世界，他用中國人的心靈去感知那個世界，因此浩大壯闊之中擁有了東方型的溫情和含蓄……他的視野和胸襟屬於世界。他是一個中國詩人，他的思維方式和審美趣味當然不會不是中國的。但羅門的好處恰恰是那種傳統的，古典的，山野的和中國士大夫的習氣在他身上的保留少到幾近於無。而那種國際性、世界性和現代的品質卻成為了他的靈感和支柱，這就是此刻我們面對的這片僅僅屬於羅門的天空……羅門是一個變幻莫測的謎。他的競技般的開拓創新讓人眼花繚亂，但有一點可以肯定的，即：他的創作以鮮明新穎和不斷變化的藝術追求而引起社會的關注。（見〈羅門蓉子文學世界學術研討會論文集〉文史哲出版社一九九四年）

●大陸名學者文學批評家任洪淵教授評介羅門時說：

前幾年羅門寄他洪範出版的「羅門詩選」以及張漢良、蔡源煌、鄭明娳、林燿德……等寫的「門羅天下」論羅門的專書，氣勢非常澎湃，我看過令我沈思與作深入的解讀。

羅門不僅是詩人，而且是有獨倡性的詩論家……談羅門的詩，羅門在詩中尋找深度是非常根本的，我發現羅門的深度是這樣的，無論做為個體生命的深度或宇宙的深度，是定在那永遠不能抵達的終極點，不是已經達到的最後的終極點，所以羅門的深度從未定在一個終極點上，而是生命不斷進展向前推移的一種運動中的狀況。……我在思考羅門的詩所達到無論是「第三自然」或「螺旋型架構」那種生命狀態，人的生命必有他的文化性，對羅門來說，人不是做為文化的終極點出現，而是把文化當作新的創造起點，寫羅門，我不想用純理論與邏輯化的理性來寫，而是以像寫一首長詩的方式來完成。（見〈從詩中走過來——論羅門蓉子〉謝冕教授等著，文史哲出版社一九九七年出版）

●大陸批評家楊匡漢評介羅門時說：

羅門、蓉子的創作世界是一個真正意義上的詩的殿堂。倘若簡單地以「分門劃派」去評判他們屬「現代派」或「傳統派」，是沒有實際意義的。他們的創作，可以說是在強烈的中國美學意義下完成的現代作品，既有題材的中國、鄉土的中國、動盪的中國、又有節奏的中國、情調的中國和哲學的中國。

羅門、蓉子四十年如一日生活於詩裡。詩賦於他們「前進中的永恆」的意義，也成為更高的人生價值的實現。這一點十分重要：在顛躓頓踣和困苦孤寂中，在文化迷惘和藝術喧嘩中，維護宗教式的詩的聖潔與美感，則是一個詩人精神強健的標誌。

這種強健所體現的是個體和屬類整體的關聯，是存在和本質的同一。在這一體驗與謀求過程中，詩歌絕非浮泛的修辭操練，也不是對於生活表象的直視或官能的刺激。孤峭堅卓的人格和淒絕超邁的詩格之兼俱，把真正的詩人和流俗的詩匠區別了開來。

（見〈從詩中走過來——論羅門蓉子〉謝冕教授等著，文史哲出版社一九九七年出版）

●大陸名詩人、詩評家公劉評介羅門時說：

羅門先生的結構宏偉的名篇《麥堅利堡》和蓉子女士的過目難忘的佳作《一朵青蓮》。我認為，這兩首詩，既能象徵他們二位的人格，又能體現他們二位的詩觀，是典型意義上的代表作。當然，羅門先生、蓉子女士所涉獵的領域和所攻佔的高地，所在多有，但二位的實力，卻是被這兩首代表作所充分顯示了的。

我讀《麥堅利堡》，只覺得彷佛自己走進了宇宙的深處，只感到前無古人，後無來者，無邊無涯的寥寂和蒼涼，只感到周身每一個毛孔都充溢著凜然的肅穆，但那並非壓迫，更不是窒息，相反，倒有一種徹底解脱的大痛快！像這樣一種感覺，是我幾十年讀新詩時絕少體驗到的。感謝羅門先生，是他，截至目前為止，也只有他，如此逼近、如此真實、如此充沛、如此本色、如此完美地正面詮釋了直到今天仍舊在人類生活中肆虐的大怪物——戰爭。還從來不曾有過哪位詩人，像羅門先生這樣，鑽進戰爭的肚子裡，諦聽戰爭的咒語，方得以盡揭戰爭的秘密，而不耽於一味的禮讚或唾罵。這説明了詩人的超然脱俗。它使我聯想起羅門先生提倡的「第三自然」

說。「第三自然」，是羅門先生在詩歌裡論方面的一個具有穿透力的著名論點，我完全同意這個論點。我相信，《麥堅利堡》，正是「第三自然」理論的一次成功實踐。

有人說，《麥堅利堡》，在詩人筆下帶有批判的鋒芒，對此我不能苟同。我覺得，不是批判，而是清醒的自省，全人類的自省，像教徒跪在懺悔室外向神父作的喃喃自語，像夜半醒來時的捫心自問，也是全人類對人性的再一次確認，對人道主義精神的再一次宏揚；一個詩人，代表全人類發言，談何容易！倘若沒有特別強大豐沛的人類意識，任誰也只好望而卻步的。（見〈羅門蓉子文學世界學術研討會論文集〉文史哲出版社一九九四年）

●大陸名詩人詩評家邵燕祥評介羅門時說：

羅門營造了一個包括長天碧海大地和心靈的詩的立體空間，「上窮碧落下黃泉」地遨遊，從形而下到形而上地馳騁，帶領他的讀者深入一萬米高空，痛飲哲思的遼闊與空茫。

跟著羅門飛，俯仰古今，鳥瞰中外，我們也成了飛鳥。時間與空間，以速度和動態進入羅門的詩，比繪畫抽象，比音樂具象。我們的翅膀也感覺到羅門的翅膀扇起的風，時疾時徐的風聲裡是羅門或剛或柔的聲音，談論著城市與鄉村，自然與社會，存在與虛無。在羅門的天空飛過以後，落地才看到詩人羅門。

中國詩歌史上有不少苦吟的詩人：「兩句三年得，一吟雙淚流」，「吟成一個字，捻斷數莖鬚」。羅門也是刻意為詩，但絕沒有這樣的憔悴；他是瀟洒的苦吟者，精神上更接近老莊、王維、李白、蘇軾、柳宗元，較多超塵拔俗的一面；對待詩藝，則接近匠心獨運的羅丹，他是用文字進行雕塑，「意匠慘淡經營中」，一絲不苟而不帶匠氣。

我願意用深、玄、奇、冷表述我對羅門詩的總體感覺。羅門不肯停留在感性的表層，他不但以主觀擁抱、搏擊並楔入客觀，同時向生命和精神的深層掘進和鑽探，必欲逼近事態人情的本質。深刻，深邃，以至深玄，達到羅門特有的「美麗的形而上」；就連一些好像玻璃鏡片似的短章，也不止於平面的反映，而顯示出鏡子般誘人的縱深。羅門皈依詩歌的年齡較晚，已經快是李賀夭折的歲數，對世界更多知性的把握了，他能夠以追求永恒的開濶胸襟區別於千年前鬱鬱而終的一代鬼才。他獨具慧眼通過靈視，通過有穿透性的幻覺去發現和構築詩的境界。羅門詩中的冷，就像熾熱的岩漿被冰川風雨澆鑄成石頭，使人倍覺凝重。《麥堅利堡》就是這方面一個無須多作闡釋的例子。如果它是一塊岩石，它還留存著火焰的痕迹；如果它是一塊冰雕，它還留存著海濤的波紋。

在五四以後一段時間裡，只有周氏兄弟的新詩，雖然為數不多，卻最徹底地擺脫了傳統的束縛，從內容到形式盡量容納了在傳統認為屬於非詩的東西，開拓了詩的空間……羅門，他的創造智慧，使他在保持對永恒的不倦探求，對新異的明快感應的同時，也還要對傳統重新發現。他立足於現代，一手伸向古代，一手伸向西方，完成他對外部世界和內心世界觀察、體認、感受、轉化、昇華的詩創造過程。（見〈從詩中走過來——論羅門蓉子〉謝冕教授等著，文史哲出版社一九九七年出版）

●大陸名文學批評家陳仲義在〈羅門詩的藝術〉論文中說：

讀完《羅門詩選》，有一種異樣感覺：詩人的想像，穿越時空的能力，智性深度，靈覺，乃至悟性都在一般詩人之上，想來想去，最後還是服膺張漢良先生的判定：「羅門是臺灣少數具有靈視（Poetic Vision）的詩人之一。」……羅門擁有自己的特技。他的靈視，想像力，詭譎的意象，以及近乎「隨心所欲」的錯位倒置手法，把現代詩推向更富於表現性的廣闊天地，他的持久不衰的才情，連續的爆發力和後勁，與洛夫、余光中堪稱臺灣詩壇上三大鼎足。（見〈從詩中走過來——論羅門蓉子〉謝冕教授等著，文史哲出版社一九九七年出版）

●大陸文學批評家侯洪評介羅門時說：

羅門這位現代著名詩人，正是當今臺灣詩壇的三巨柱之一（還有余光中、洛夫），他以其詩歌的創新精神和現代性，享有「現代詩的守護神」和「都市詩與戰爭主題的巨擘」的聲譽，並且在大陸及香港地區以及世界各地的華人圈內具有廣泛影響。他的詩作還被譯成英、法、日、韓、南斯拉夫……多種語言文字出版。事實上，羅門的詩不僅步出了臺灣詩壇乃至整個中國詩壇，而且進入了世界詩壇，羅門詩歌世界的空間，不僅涵蓋了臺灣、大陸和香港，還波及韓國、菲律賓、美國等其它國家。在世界詩歌的銀河系中，羅門詩歌空間的位置。從「時間的空間化」、「空間的時間化和多維化」，到「時空交錯旋轉」，這種既帶規律性，又變化萬端的運行軌迹中呈現出了羅門詩歌空間的藝術特色。

羅門的星空，中國的與西方的、傳統的與現代的融為一體。它既是詩，又是詩的哲學。羅門的星空，映現出時間、存在、生命、永恒、無限、空無、戰爭、死亡、愛情等古今中外的哲人和詩人們普遍關心的人類基本話題。在這深層的文化結構層面，浸潤著東西方文化的沉澱；⑴從對美的追求、主體精神的至高無上性，清晰可辨出西方先哲柏拉圖和法國詩人馬拉美的影子，他們無愧是「理想國」的鬥士，精神家園的主人；⑵對人性的重視、德性的褒揚上，顯示出中國古代儒家學說與西方康德哲學和阿諾德、白壁德的新人本主義精神的結合產物；儒家那套「天人合一」的自然和諧說以及「載道」觀也深烙在羅門的意識裡，而道家的虛無的詩浸潤於羅門的詩中；⑶詩人作品中的悲劇意識更多受惠於亞理斯多德和尼采的學說；⑷對時間與存在的關注，則導源於道家思想和柏格森、海德格爾、薩特等人的直覺主義和存在主義；⑸二元對立的辯證模式始終是羅門思維構架的支柱。

在羅門的星空下，我們還看到他把中國古典詩歌的靈性和禪意，古代詩詞中煉字造

「詩眼」的手法繼承和發揚了下來，並且把法國象徵主義、超現實主義和現代抽象繪畫藝術理論加以吸收和借鑒，使之有機地在他的詩歌中融為了一體，而不是對那些主義藝術作簡單模仿和照搬。在他眼裡，中西藝術的融合是為了開拓和創新於是羅門的詩歌，體現出既具詩的純粹的品質，又能把握時代精神，既是感性的，又是知性的現代詩的質素。

放眼羅門的星空，我們明顯地感到他在對中國古典詩歌和西方現代主義詩歌的雙重吸引中，表現了強烈而又自覺的現代意識和「熔鑄」能力。羅門的現代詩歌，無疑是中西文化雙向交流和滙通的重鎮。（見〈從詩中走過來——論羅門蓉子〉謝冕教授等著，文史哲出版社一九九七年出版）

●大陸文學評論家陳旭光評介羅門時說：

以當代大陸新詩發展為參照而細讀羅門的詩，最為令我震動且顯然對大陸詩壇具有啟示性意義的，有兩點：

一是羅門詩歌完全的「現代」性。中國新詩現代化的進程，在大陸曾遭受令人遺憾的中斷。在此後，雖有「朦朧詩」「後朦朧詩」的修復，但它們所表現出來「現代性」或「後現代性」，其實往往攙雜過多詩之外的雜質，存留了太多的意識形態陰影，無論詩類觀念，意象符號系統或詩思方式、主題涵蓋面上均未能到真正的「現代」的標準。而羅門，則以其全方位的現代意象取譬，新鮮感性與抽象物象的巧妙融合，以旁汲其他現代藝術門類的「超現實」的手法，為我們打開了一個全新的現代詩類世界。這與當下大陸某些詩人哀婉淒涼地回返古典、淺唱低吟形成了鮮明的反差。其二是完全的「純詩性」。在羅門的詩中，完全看不到意識形態的鬱結，詩人主體的博大深沉，超拔智性，藝術境界的高邁沉雄，乃至冷靜調侃、微溫反諷中寄寓的悲天憫人氣質，均完全超逾了偏狹的意識形態糾葛。就如同羅門的詩歌面對與沉思的均是具有超越國界、種族、時代的永恆性意義的形而上主題。

羅門的成功對大陸詩壇有著極大的啓示意義，要使大陸新詩在當今繼續長足發展繼續穩步地「現代化」，來自彼岸的警醒與啓迪，是意味深遠的。

（見〈從詩中走過來——論羅門蓉子〉謝冕教授等著，文史哲出版社一九九七年出版）

●大陸名詩人劉湛秋評介羅門時說：

到他的「燈屋」，真的一進入屋內，整個房子是一幅畫、一個雕塑、一首詩，像他的藝術之宮。到臺灣不到燈屋，等於沒有到臺灣。我在「燈屋」同羅門暢談詩，他本人給人的感覺，就像是一首詩，一個藝術作品，他的「第三自然螺旋型世界」，絕不是空談，而是具有他創作確實的思想理念。他與蓉子的結合，是詩人的結合，也是詩與藝術的結合。羅門的詩，現代精神中含有古典，蓉子的詩，古典精神中含有現代。他們都是我們的楷模，值得我學習，不像有些先鋒派詩人的作品，把病態當作先鋒，這是很難被人接受的。當然只有古典精神而缺乏現代感，也難免對現代人有疏離感；而他們是兼顧古典與現代的創作精神，應是值得重視的。（見〈從詩中走過來——論羅門蓉子〉謝冕教授等著，文史哲出版社一九九七年出版）

●大陸名評論家沈奇對羅門創作的某些看法：

這是一種開啟而非遮蔽，這是一種引領而非統治，這是人類所獨自擁有的另一種目光——在人世之外在自然之外，在實在的生活和籠子之外，照亮另一片風景——如另一隻手，伸向你，伸向所有的人類，永不收回！這便是藝術，是詩，是詩性／神性生命意識所拓殖的人類精神空間，是唯一可能握得著的「上帝之手」——詩人羅門則形象地將其命名為「第三自然」，便由此確定了他的詩歌立場，為其服役一生。

羅門放眼於人的外宇宙，高蹈於人類整體生存狀態與外部世界見未來，可稱為「宏觀詩人」……他以「高度鳥瞰的位置」（林燿德評語）高視闊步在現世和永恒之間、存在與虛無之間，以其潑墨大寫意般的詩之思，代神（詩神與藝術之神）立言，代永恆發問，以「將人類與一切提昇到『美』的顛峰世界」（羅門語）來完成他的「第三自然」之追尋。

在哲學家們宣稱「上帝死了」，藝術與詩，確已成為在這個世紀裡依然覺醒著的人們的「私人宗教」而言正是羅門詩歌精神的宏觀主旨之所在。

縱觀羅門的作品，其主要的藝術特質，似可歸納為以下三個方面——

其一是其超越性。羅門詩思靈動闊展，常有很大的時空跨度。無論處理那一類題材，都能自覺地將傳統與現代、本土與外域之視點溶合在一起，放開去思、去言說，不拘泥於一己的情懷，或狹隘的歷史觀及狹隘的民族意識。表現在語言的運用和意象的營造上，也不拘一格，善於融滙一些新的意識與新的審美情趣，創造出一些新語境。如此，便常常可以超越地域、時代與民族文化心理的差異，也便經得起時空的打磨，得以廣披博及、長在長新的藝術魅力。

其二是其包容性。這主要來自於詩人創作中的大主題取向，無論長詩短詩，都能大處著眼，賦予較深廣的底蘊。如屢為詩家稱道的《窗》一詩，短短十一行八十餘字，便營造出一派大氣象，其開掘的精神空間已不亞於一首長詩的容量。這種包容性還表現在另一方面，即在羅門的詩思指向中，不僅有對現實犀利的批評，對存在深刻的質疑，同時也有對良知的呼喚和對理想的探尋，所謂「正負承載」，便具更大的震撼力。

其三是其思想性。羅門本質上是一位偏於理念和知性的詩人，支撐其寫作的，主要在於意義價值的追尋而非淺近的審美需求。詩人大部份的作品，都可歸為一種思想性之詩，瀰散著濃郁的哲學氣息，且常有一種雄辯的氣勢和思辯之美讓人著迷。實際上這也正是中外傑出詩人的一個優良傳統，正如笛卡爾早就指出的那樣：「有份量的意見往往在詩人的作品裡，而不是在哲學家的作品裡發現。」只不過在當代漢語詩歌界裡，羅門在此方面的探求，顯得更為突出和執著。

（見〈從詩中走過來——論羅門蓉子〉謝冕教授等著，文史哲出版社一九九七年出版）

●大陸名詩人詩論家龍彼德來信說：

「《大峽谷奏鳴曲》讀過了，很有氣魄，想像力奇詭而豐美，確實是使東西方交融、三個自然交錯理論的體現。除了時空、國界、文化與學術流派外，似乎還可加進點宗教。」

●大陸名學者文學評論家周偉民教授說：

羅門對詩的主題和題材的思考，對詩的藝術技巧的運用，都從這一客觀現實產生出來的。但羅門的思想是繁富多向且自由與具超越性的，羅門的詩觀是打破框架以「人」為主的，羅門的藝術是靈巧的、獨特的，他把「古今中外」的知覺和情緒溶混為一，使西方各詩派的特點都能吸收活用到詩中來；他把社會人生哲理及現實生活納入自己詩的創作的範圍。

羅門詩的意象描寫，具有強烈的心理色彩。他善於使不同意象意外地綜合或奇妙地換位，將無限的心意，貫注於細小的景物之中，給予最大的特寫，使意象清晰地浮現。他在詩中常將抽象的理念轉化為具體的圖畫的視覺意象。

羅門是一位文字的藝術家，他的詩具有巨大的震撼力，而這種震撼力，往往存在於詩中悲劇性的高度的意象化中，這種創作思想，多少受到存在主義的影響，這一點是不可否認的。

羅門詩世界所展現的心靈世界，是為現代人內心對生命的追求和理想所展開的，羅門的創作觀念，指導著祂的創作實踐，他的理論與實踐是融合為一的。

（見〈日月的雙軌—羅門蓉子合論〉周偉民，唐玲玲教授合著，文史哲出版社出版一九九一年）

●大陸名文學批評家古繼堂評介羅門時說：

羅門、蓉子同是臺灣詩壇現代派的大將，他們的創作從五〇年代初到九〇年代近半個世紀的臺灣詩壇和中國詩壇，成就卓著，名聲顯赫，為中國新詩的發展和繁榮立下了不朽的功勛……這一對詩的伉儷，一對閃閃的明星，能夠長期雙居和保持臺灣詩壇的顯位，他們不僅環境變遷位不變，年齡增長藝常青，而且隨著環境的變遷與年齡的增長，他們的成就越來越大，他們的詩藝更加光彩照人。究其原因，主要有這樣幾點：①他們兩人都有堅定的詩的主張和明確的理論指導，是一對自覺的，而不是一對盲詩人；②他們兩人均對繆斯狂熱而執著，像對他們的愛情一樣海枯石爛不變心；③他們都有卓越而超人的才華，使他們的詩作和理論不斷精進。（見〈羅門蓉子文學世界學術研討會論文集〉文史哲出版社一九九四年）

●大陸文學批評家王德領評介羅門時說：

大陸詩壇向來有一種偏見，認為臺灣當代詩歌存在著「小而美」，「堂廡不大」之嫌，認為小小島嶼僅產生些抒情詩與鄉愁詩，在精神向度上缺少高遠闊深、抵達人類精神終極的佳作。當我們閱讀完沈奇的這本評論集就會感到，這一看法實在是大錯特錯了。現舉一例。一九六〇年，大陸詩壇對戰爭尚停留在淺層次的喜劇性的頌歌階段，沉浸在往昔光榮的夢幻之中。而在彼岸的羅門，則對戰爭作了哲理上的深思：「戰爭是人類生命與文化數千年來所面對的一個含有偉大悲劇性的主題。」「生命最大的回聲，是碰上死亡才響的。」他在這一年寫出了他的傳世力作《麥堅利堡》，在現代漢詩寫戰爭的詩作中堪稱里程碑式的。「血已把偉大的紀念沖洗了出來／戰爭都哭了，偉大它為什麼不笑。」「死神將聖品擠滿在嘶喊的大理石上／給升滿的星條旗看　給不朽看　給云看。」羅門這首詩在精神向度上可謂堂廡軒昂、氣度恢宏：羅門雖致力於現代詩精神向度的拓展，但他的名作《窗》還是表現出了濃鬱的東方禪意。（見一九九八年創世紀詩雜誌一一七期現代性：臺灣詩歌藝術的闡釋）

學者教授、詩評家對羅門都市詩的重要評語

●學者、詩論家評論羅門都市詩的文章有十多篇（見文史哲出版社出版多冊論羅門的專書）。

●臺灣師範大學潘麗珠教授寫的「羅門都市詩美學探究」，收入臺灣師大一九九六年「中國學術年刊」。

●臺灣傑出詩人陳大為研究羅門都市詩，獲得臺灣東吳大學碩士學位。

●任教臺灣大學曾任臺灣比較文學學會會長的名理論家張漢良教授在論文中說：「羅門是都市詩的宗師……反映現代社會的都市詩，他是最具代表性的詩人。」（見文史哲出版社一九九一年十二月出版的「門羅天下」書中張漢良教授的論文。）

●任教臺灣師範大學當代著名文學評論家鄭明娳教授在論文中說：「羅門是當代中國詩壇都市詩與戰爭主題的巨擘。也是至八〇年代以來，臺灣最具思想家氣質的前衛詩人……八〇年代「掌握都市精神的一代」崛起，受到羅門很大的啓迪……羅門的都市詩，縱貫了將近三十年歲月，從「都市之死」到「麥當勞午餐時間」，其觀點愈見成熟，能與時代同步，在都市的圓點上，既能回顧其歷史，能探測其未來。其見識廣遠，自非一般詩人所可比擬。」（見文史哲出版社的「門羅天下」書中鄭明娳教授

的論文。）

●任教臺灣師範大學，當代著名文學評論家潘麗珠教授在論文中說：「羅門是當代都市詩的守護神。」（見一九九六年三月臺灣師大國文研究所出版的學術年刊十七期。）

●詩評家林燿德在他寫的「羅門論」專書中說：「三十年的光陰中，一直持續著對於現代都市的探索與挖掘，他已不僅止於陳煌所指的「都市詩國的發言人」（《明日世界》第一二〇期，一九八四年十二月），更是一個不斷在文明塔尖造塔的藝術思想家……。面對著在文明塔尖起造精神之塔的羅門，我們可以體會，都市詩學的出現已是一樁動撼人心的文學史事件。」（見一九九一年師大書苑出版詩人林燿德的「羅門論」。）

林燿德寫給羅門的信中說：

羅門大師：

頃接您的來鴻，對於您的訓示，德已謹記在心，請大師放心，年輕一代必能在大師的感召下淬勵奮發，為中國現代詩壇貢獻心力。

對於都市詩，德仍積極整理資料中，西方自波特萊爾至歐立德，都市詩一直是一重要系統，中國都市詩之出發則自羅門大師始，可謂開山祖師。然而如何以最適切的中性語言，襯托出您偉大之所在，確實須要謹慎落筆。……

●臺灣名詩人藝術家評論家杜十三在論文中說：「羅門擁有中國都市詩之父的美譽」（見一九九七年文史哲出版的「羅門．蓉子論」書中詩人杜十三寫的「羅門論」。）

●臺灣名散文家、詩人、詩評家陳煌在論文中說：「羅門是都市詩國的發言人。」（見一九八四年十二月二日「臺灣時報」副刊詩人陳煌寫的「都市詩國的發言人」）

●新世代傑出詩人陳大為以羅門都市詩為研究對象，在通過碩士學位的「羅門都市詩研究」論文中說：「雖然羅門對九〇年代的世紀末都市景象的刻劃與挖掘不盡理想，但其餘同輩詩人或新世代詩人在這方面並沒有大規模的經營，即使最具潛力開發出「世紀末都市詩」的林燿德（一九六二——一九九六），也僅僅是偶有幾篇佳作；其餘人等皆無法展現出羅門的創作企圖，毅力與魄力，更談不上建構一己之都市詩美學。相較之下，羅門三十多年來在都市詩方面所投注的創作心力與成果，在臺灣現代詩發展史上，確實無出其右者。從這個角度來看，他不負「城市詩國的發言人」之譽，而「都市詩」也儼然成為臺灣詩史上的一個重要詩類。」（見詩人陳大爲碩士論文「羅門都市詩研究」東吳大學一九九七年）

●一九九四年十二月間召開的第一屆「當代臺灣都市文學研討會」，在臺灣師大教授林綠博士寫論羅門都市詩的論文中，擔任講評人的臺灣大學教授、名詩人兼詩評家張健所寫的評語，特別指出兩點：⑴羅門都市詩表現的是多方面的問題：如機械稱霸、金錢掛帥、人慾橫流、人性扭曲、價值貶損、宗教淪落、道德淪喪、文藝受忽視……等。(2)羅門詩中最可貴的，是豐富的意象、酣暢的節奏感及磅礴的氣勢。（見一九九五年十一月二十一日時報文化出版社的「當代臺灣都市文學論」書中，張健教授的講評。）

●中國著名評論家魯樞元教授在論文中說：「在我接觸到的中國詩人中，並不乏對城市文明持對抗態度的人，而對城市懷強烈指控之心的，皆莫過於羅門……羅門已經無愧是「獨樹一幟的宗師」（見文史哲出版社一九九四年出版的「羅門、蓉子文學世界」學術研討會論文集魯教授寫的論文。）

●名作家詩評家王一桃在論文中說：「兩岸的詩評家在評論羅門的詩作時都不約而同地指出他在城市詩創作的成就和他對詩壇的貢獻；……。特別值得一提的是臺灣著名詩人兼學者余光中，在談及臺灣進入八十年代，「面對工業文明而且身處現代的大都市」，「我們的城市文學也應該產生自己的代言人」時，就很自然想到早在二十年前致力於城市詩開拓的羅門，並說「未來如有城市詩派，羅門該是一位先驅」（見文史哲出版社一九九四年出版的「羅門、蓉子文學世界」學術研討會論文集王一桃的「論羅門的城市詩」）

●「陽光小集」詩社傑出詩人林野在論文中說：「源於都市景觀和人類生存層面的題材，一直為詩人們努力地探討和詮釋。但探討此類的作品，多半由於語言的傳熱性和導電度不佳，或侷限於物象的表淺切割，以致不能激發強烈感情的痛覺反射所造成的心靈震撼，也就不足為訓。在當今國內詩壇，詩人羅門對於這些尖銳、猛烈的事物，始終投入最灼熱的觀照，可貴的是他對現代感的捕捉，透過冷靜的內省，精準地把高度活動性的意象和疊景，拉攏到靈視的圓心。從他的詩裡，經常可聽見血的聲音，都市譫妄的幻覺，同時也看到現代人迷惘的表情。」（見一九八一年「陽光小集」詩刊夏季號詩人林野寫的「回顧茫茫的曠野」。）

學者、評論家、詩人、作家對羅門理論創作世界的評語

●評論家蔡源煌教授說：羅門講的「第三自然」，自己也喜歡塑造象徵的形象，這個形象就代表某種精神境界，長期把它呈現出來就可以形成一種體系。（見一九八九年九月一日《新詩學報》）

●前輩藝評家虞君質教授在世時讀羅門的詩文寫出：「我喜歡羅門的『麥堅利堡』，更欽佩羅門對『現代人悲劇精神』的闡釋」。（見一九七一年《藍星年刊》）

●詩人張錯一九七一年在美國唸博士學位時說：「我在臺灣時看到文壇名家的文章，真給嚇倒了，現在卻不……，倒是羅門的幾篇論文比較Original」。

●詩人張健教授在五十三年廿期「現代文學」上說：「羅門的『現代人的悲劇精神與現代詩人』可推為年來詩壇罕見的詩論」。

●詩人蘇凌在當時也說：「羅門的『心靈訪問記』是我這幾年來看到的最好的一篇，有關於詩與哲學的思考等的中國創作。」（見一九七一年《藍星年刊》）

●詩評家周伯乃在彙編「當代中國文學批評選」時曾說：「在來稿中，羅門的那篇大作『現代人的悲劇精神與現代詩人』是壓軸的傑作，無論對詩對人性都有了澈底的批判，我很欽佩那篇文章」。（見一九七一年《藍星年刊》）

●詩人洛夫在出版「石室的死亡」詩集之後，讀羅門的論文說：「羅門的論文並不是一種純客觀的論文，有點近乎紀德與愛默生的散文，因它的啓示性較論說為多，今天在臺灣寫這一型文章的，羅門還真是數一數二的。其實羅門的心聲也是大多數具有自覺的現代人的心聲……」。（見一九七一年《藍星年刊》）

●詩人張默主編的「現代詩人書簡」對羅門的「心靈訪問記」那篇文章發表意見說：「『心靈訪問記』無疑會成為一篇重要的文獻，作者提出現代詩人的七個問題……作者對每一個問題，均穿透自己的靈視，作了相當精闢的解說，使人讀後不難感知他射噴的精神逼力是如何深厚」。（見一九七一年《藍星年刊》）

●詩人兼畫家林興華說：「我是那麼感動於羅門的『心靈訪問』，它是多麼能引發人的深思，在國內這方面，推羅門為一把交椅是無疑了。羅門的著作，我幾乎嗅到一股『劍氣』，宣言式的字句、格言式的言語，直搗吾們的心房，一擊而心痛半輩子……」（見一九七一年《藍星年刊》）

●散文作家林文義讀羅門「時空的回聲」後，寫著：「『時空的回聲』實在是現今詩壇最有氣魄的論文集，羅門將因這本鉅作而不朽，我被它深切的感動了……」。（見一九七一年《藍星年刊》）

●評論家李正治教授在論文——〈新詩未來開展的根源問題〉中寫道：「如果以「現代性」為新詩發展的一個正確走向，那麼羅門的一段話正可作為「現代詩」的宣言：

「由於現代生活引發新的物境與心境，使我們的經驗世界斷然有了新的變故，加上知識的爆發，使我們對外在世界的觀察與認知也有新的變故，這都在在推動詩人去表現一個異於往昔形態的創作世界，這並不含有背棄傳統，這只是必須向前創作新的傳統。」站在這個基點上，我們才可能更正確地看新詩開展的一些問題。」（見一九八七年《文訊雜誌》）

●名文學批評家孟樊在論文中說：

「……值得一提的前輩評論家倒有四位：洛夫、羅門、顏元叔和葉維廉，前二者可視為非學院派，後兩人則為學院派人士。洛夫以倡導超現實主義理論而獨步詩壇（但晚期的詩學觀有不同程度的修正與轉變）；羅門獨特的詩美學論點「第三自然觀」與「都市詩說」則嘗試建立一龐大且完整自足的詩學體系，亦令人側目……」（見一九九三年《當代臺灣文學評論大系》）

●詩人兼評論家林燿德在論文中對羅門的詩論看法：

羅門，做為一個具備現代思想與前衛創新傾向的重要詩人與詩論家，在五〇年代以降臺灣詩壇形成一家之言，他的發展軌跡隨著自己的思想與詩風、以及整個文化環境的變遷而顯現出來。在多次有關潮流、技巧以及詩人內在生命本質的論爭中，羅門始終能夠提出獨到的見解，包括了創作的形式、與古典詩的關係、各種主義流派的反思，他的洞見維護了詩的純粹性，並且以不輟的創作親自證明了詩人毫不屈撓於現實的意志。

做為「現代思想」象徵的「羅門思想」，亦即其「第三自然螺旋型架構」是進化史觀的、追求「行進中的永恆」的形上學架構的，而且也自有一套體大思慎的創作生命哲學。

「羅門思想」中的「第三自然螺旋型架構」對於後現代的批判與修正仍然具備以下嚴肅的意義：

㈠羅門能夠一己營造的壯美思想體系面對時潮，提出具體的立場，這種胸襟和氣魄，在臺灣詩壇陷入沉寂、被小說界奪去解釋權的八、九〇年代，無疑是令人振奮的。

㈡羅門講究立場，雖然也有模型理論的自我制約，但比起後現代主義玩家的閃爍其詞、飄忽不定，他篤定而誠懇的態度值得肯定，重建真理的企圖則令人敬佩。

㈢後現代主義者譏笑現代主義是「刺蝟」，眼睛只能看到一個方向，他們又自比為「狐狸」，可以同時注意不同的方位。不過眼觀八方的狐狸常常因為咬不著刺蝟而餓死，就算咬著了也往往痛斃當場。後起的浪潮不見得必然高過前驅的浪鋒；能夠堅持自我理念的詩人羅門是永不過時。（見〈羅門蓉子文學世界學術研討會論文集〉文史哲出版社一九九四年）

●大陸名學者文學批評家徐學教授評介羅門說：

讀羅門的詩論，我的腦海裡會時時浮現中國現代史上兩位學者的身影，兩位在美學見解上與羅門有近似之處的學者。

第一位是民國政府首任教育總長蔡元培，一九一七年，他任北大校長時，曾提出「以美育代宗教」的口號，並在《新青年》上發表了《以美育代宗教》一文，認為唯有藝術教育能使國民超脫現象世界的利害關係和人我偏見，把人們從現象世界的必然引向主體世界之自由。

可慶幸的是，在羅門的詩論中，有這樣的句子：

「在一切都被人類懷疑與重新估價的現代世界中，我懷疑以一般人那近乎迷信的絕對信仰，能確實成為上帝優秀的信徒；我深信只有進入詩人與藝術家所開發的「第三自然」，使一切存在與活動於完美的結構與形式中，方可能認明上帝（如果這個世界確有這樣一個具有完美實質的上帝）……我這樣說，很明顯的，是想重新確定詩人與藝術家在過去現在與未來永遠站立的位置及其工作的重心——一個詩人與藝術家，當他喚醒萬物與一切潛在中的美的形象與內容，他便是人類內在世界的另一個造物主了，像上帝造天國一樣，他造了另一個內心的天國——那無限容納『美』的『第三自然』。」⑪可以說，羅門這種論斷是呼應著世紀初子民先生的設想並將之發揚光大了。

第二位是離我們更近的胡風先生，他曾從機械文藝論中掙脫出來，在全面考察五四以來新文學經驗的基礎上，提出了作為他文藝思想核心的「主觀戰鬥精神」的理論命題，認為作家的「人格力量」（包括「敏銳的感受力」與「深邃的思想力量」）是創作的源泉。他痛感中國傳統文化對個體生命慾望和主觀精神意志的節制，壓仰及摧殘，以作家精神主體的深厚與闊大為其創作觀出發點的胡風，與羅門對粗糙寫實、徒然玩弄技巧及盲目求新諸創作傾向的針砭有異曲同工之處；胡風那「到處有生活」的名句與羅門「世界上存在的事物都可以是創作的題材」的論斷亦所見略同息息相通。

值得高興的是，詩人羅門並沒有遭到胡風那般非人的折磨和厄運，他能不斷地運用其「內視力」與「轉化力」寫出許多沖破現實兩個鐵籠的詩篇，並能長久地保有一種詩人不可缺少的純真和童趣。今天我們有機會在這裡討論他，也不禁為中國當代文學感到慶幸——就在當代中國的土地上，將生命哲學引入藝術創作，強調藝術創作中主體對現實環境的超越意識與內在自由意識的創作流脈畢竟也能綿延不絕，並結出了豐碩的果實。（見〈羅門蓉子文學世界學術研討會論文集〉「羅門詩論的主體性」文史哲出版社一九九四年）

●詩人兼詩評家杜十三在論文中論羅門：

羅門正式發表的第一首詩「加力布露斯」是認識女詩人蓉子的時候寫成的，才首度出擊，就被主編紀弦以特殊的紅字刊登於「現代詩」季刊封底，四年後，他出版了第一本詩集「曙光」，七年後出版了風格成熟的「第九日的底流」，隔年，寫成了奠定他在中國詩壇崇高地位的「麥堅利堡」，此後他更是創作不綴，至今陸續完成了「死亡之塔」、「隱形的椅子」、「整個世界停止呼吸在起跑線上」、「曠野」、「有一條永遠的道路」、「誰能買下這條天地線」、「羅門詩選」……等長詩、短詩與英譯本十數種，內容涵蓋了抒情、自然、都市、戰爭、死亡與時空等各種主題，此外更有論文集數部，視覺詩創作兩層「燈屋」……目前的他仍然以近七旬的「高齡」，生龍活虎的穿梭在臺灣文壇上，用心的過著他所謂的「每一秒鐘都是詩人」的日子，如此一位從小身智俱優，生命結構紮實豐富，充滿尼采所說「衝創意志」，每一時都是詩人的羅門，他在中國近代文壇上的出現，存在與努力，自應有其特殊與非凡的價值——這個價值是建立在羅門堅持做為一個純粹的詩人所散發出來的毅力、悲憫、能量、智慧與創意，通過他的作品對世俗的社會、傳統的人世、弱者的妥協、愚者的執著……所進行的一次長達半個世紀的發現、顛覆、革命與重建——也就在這一連串為了捍衛做為一個人的價值的過程裡，羅門才成為一個真正的詩人。

從藝術的角度去發現羅門——身跨農業社會、工業社會與資訊社會的羅門，早在五〇年代末期的臺灣便已率先投入了「都市詩」創作，並以之充分的實踐其「三大自然」美學觀與「圓與塔互動」的生命觀，不僅對後代文壇樹立了鮮明的導範與影響，也對生活在「農村—都市」過渡期的讀者擴大了生命的視野，提高了心靈的向度，甚至於讓一些徬徨的靈魂得以在黑暗和失望中找到尋求更新生命質能的可能性。

「三大自然美學」意指藉由大自然、人造自然和內造自然交感互溶而擴張生命質能的創作觀，也是羅門宏觀的詩美學架構：「圓與塔互動」說則是體認了外在自然的圓融諧和和工業文明世界的衝突、壓抑之間的矛盾，以及如何經由「螺旋狀運動」尋找生命本體和價值的一種動態的體悟，這也是羅門掌握自己的行動和創作，甚至是掌握文字的一種美學上的策略。

其次，我們從羅門詩作的本身去發現羅門——綜觀羅門各種時期，各類題材的詩作之後，我們可以歸納出他作品的幾個特質，此即：悲憫的、現代的、口語的、深刻的、爆發的，以及生命的、宗教的、思想的、沉重的……。似乎除了睡眠以外，他時刻都不忘記運用自己的每一根神經去撞擊時間、空間和人間的每個座椅，企圖藉由不同的動作，諸如摩擦、切割、扭轉、重組、位移……讓他接觸到的每個面向都能產生巨大而尖銳，至少是與眾不同的回響，以便用來提醒、警告，或是安撫、暗示受困於文明絞鍊和死亡重壓的無助心靈。他似乎就像一個具有宗教狂熱的使徒，又像是不斷舉矛向人類困境風車挑戰的唐吉訶德，活著就是為了創作，創作就是為了想替週遭的同類傳達一些可以獲得救贖的感悟——美的感悟、時空的感悟、死亡的感悟……。羅門的詩就像一條條幽徑引導著你輕鬆步行，但在上坡和轉彎處總會讓你看到驚心動魄或是迤邐深遠的美景和遠景——換句話說，羅門的詩是動態的「言語」，而不是靜態的「語言」，是「發現」本身，而不是「被發現」的終點，讀他的「詩」，是真正進入「語言」的「寺廟」中去感悟另一個更神秘，更恢宏的「第三自然」真世界，而不會只是停留在「第一自然」和「第二自然」的有限表象中徘徊、頓足——總之，從羅門的詩作中，我們發現了「羅門的發現」、「羅門的看」、「羅門的語言」的價值，也發現了一種可以提供別人發現他自己、發現美、發現生命的真價值——這乃是一條秘徑、一把鑰匙、一種「靈視」的價值。

最後，我們可以從羅門的「行動」去發現羅門——從四十九歲毅然辭去高薪民航職務專心創作，至今已近廿年卻無一日不在詩的崗位上思索、鑽研、工作，始終努力不懈的羅門，比起一些寫了幾年詩就停筆，成了名就停筆的詩人而言，確實有其值得敬佩與踵法之處……雖然在日常生活中，有人會以俗世的觀點批評羅門的頑固，冗煩與不通人情，但對於一個詩人和藝術家而言，就是這種能夠因為理想與使命而不妥協的堅持，才造就了藝術和文學的永恆和對人類發揮救贖力量的價值。

毋庸諱言，擁有「中國都市詩之父」美譽的羅門，確是中國近代詩空中一顆閃亮而詭奇的星，他以獨創的姿態恆久發光，毫不倦怠，即使他終將殞落，後世的人亦能領受他無數光年以前便已傳出的能量，而不會忘記他所在的位置。最重要的是，我們將從這個位置繼續他的「發現」，努力的去發現更多，更美的「發現」。

羅門簡介・重要記事・著作

本名：韓仁存，一九二八年十一月廿日出生

籍貫：海南省文昌縣

學歷：空軍飛行官校肄業、美國民航中心畢業、考試院舉辦的民航高級技術員考試及格。

職業：曾任交通部民航局國際機場高級技術員、民航局民航業務發展研究員。

從事創作四十多年

▲曾為國際詩人協會榮譽會員（一九六六年）。

▲曾任中國文協詩歌創作班主任（一九八七年）。

▲中國新詩學會常務監事（一九八二年—九八年）。

▲中國青年寫作協會值年常務監事（一九九一年—一九九六年）。

▲曾任世界華文詩人協會會長（一九八九年）。

▲藍星詩社社長（一九七六—一九八八年）。

▲同蓉子選派為中國五人代表團出席五十多國家在菲馬尼拉召開的第一屆世界詩人大會，與蓉子獲大會「傑出文學伉儷」獎，頒發菲總統大授勳章。（一九六九年）。

▲應大會主席卜納德博士（Dr. PLATTHY）特函邀請與女詩人蓉子以貴賓身份出席在美召開的第三屆詩人大會，與蓉子獲特別獎，並接受大會加冕，以及美國之音記者之專訪。（一九七六年）。

▲同蓉子出席在韓國召開的第四屆世界詩人大會，並代表中國（一國一位代表）朗讀發表作品：「麥堅利堡」（一九七九年）。

▲曾應韓國作家筆會會長邀請赴韓訪問（一九七六年）。

▲曾任國家文藝獎評審委員及全國傑出詩人獎決審委員。

▲曾不少次擔任大專學生文藝營指導老師及全國性的巡迴講演。

▲應聘為全國首屆戶外藝展顧問團副主席，並為該展出寫宣言與主題詩（一九八四年）。

▲曾以〈花之手〉詩配合何恒雄雕塑家的雕塑，碑刻入臺北新生公園（一九八二年），以〈宇宙大門〉詩碑刻入臺北動物園（一九八八年），以〈智慧鳥〉詩碑刻彰化市區廣場（一九九二年），以〈天堂鳥〉詩碑刻在彰化市火車站廣場（一九九四年）。

▲應邀同名雕塑家楊英風、光電科學家胡錦標博士、榮森博士以及前文建會主委陳奇祿博士……等，擔任中國雷射協會籌備委員。並曾與蓉子參加第一屆國際雷射藝術景觀展，以詩、音樂與雷射多元媒體聯合演出（一九八一年）。

▲曾擔任私立國學院現代詩專題講座兩學期（一九八一—八二年）；東海大學文學院（與文建會）主辦文學研習會講座兩學期（一九八二年）。師大文學院文學研習班講座及指導一學期（一九八七年）。

▲曾應香港大學黃德偉教授邀請，赴香港大學做三場演講。並在中大文藝班與余光中教授、黃維樑教授主持現代詩座談。香港大學圖書館第一位設置「中國當代詩人羅門、蓉子著作資料專櫃」（一九八四年）。

▲為唯一以現代畫進入故宮且享譽國內外的名畫家林壽宇畫展畫冊寫序（一九八四年二月）；為不少國內著名的現代畫家寫畫評；為國內最前衛的「異度空間」展（一九八四年八月）與「超度空間」展（一九八五年五月）寫展出畫冊序言。

▲應邀參加名雕塑家楊英風、何恒雄教授以及尖端科學家原子能委員會主委胡錦標博士、張榮森博士等所舉辦的國內首屆科藝展，並在市美館安排有一場演講，講題：「詩眼中的視覺世界」，以及為展出寫「光」的主題詩與感言，發表於商工日報（一九八四年）。

▲應邀同女詩人蓉子赴菲中正學院與文藝界做三場現代詩的演講（一九八八年）。

▲曾應邀同林燿德在大陸廣州、上海、北京、廈門、海南島等地的著名大學，以及中國社會科學院、各大學中文系、中文研究所、臺灣文學研究所、中國文聯、中國作協、中國現代文學館、中國文論、詩刊編輯部等學術與文藝團體機構進行廿多場包

括演講與座談。北京大學的演講海報並寫「歡迎臺灣詩壇大師——羅門」（一九八八年）。

▲羅門著作《羅門詩選》與《整個世界停止呼吸在起跑線上》兩書曾於一九八八年與一九八九年兩度列入中國青年寫作協會策劃之第一屆與第二屆文學鑑賞研習營當做研習與討論課程。

▲一九八〇年八月間應邀陪同公共電視拍攝小組專程飛往菲律賓馬尼拉「麥堅利堡」現場，製作羅門「麥堅利堡」詩電視專輯；並現場朗誦該詩，於公共電視節目中播出。

▲擔任青協與中興大學舉辦的（文學與電影立體鑑賞營）八位主講人之一，並為問卷中最受歡迎的講師。（一九九〇年三月）。

▲擔任由青協與中國時報文化出版公司主辦的「八十年代臺灣文學研討會」主持人（一九九〇年九月廿九日）。

▲擔任由青協與行政院陸委會協辦的「兩岸文化、文學研討營」主講人並發表論文（一九九一年六月八日）。

▲擔任青協與中國時報文化出版公司主辦的「臺灣通俗文學研討會」主持人（一九九一年十月廿七日）。

▲擔任由青協主辦「當代女性研討會」主持人（一九九二年十二月廿六日）。

▲盛況空前的國際藝術大師米羅作品大展，在臺灣舉行，應臺北市立美術館邀請以「詩眼看米羅」為題，做一場專題演講（一九九一年十月十九日）。

▲擔任由中華民國美國研究學會舉辦的「中美文教法政關係研討會」中的「後現代文學研討會」引言人（一九九二年四月間）。

▲羅門應邀赴菲擔任在大雅台舉辦的文藝營講座（一九九二年）。

▲羅門蓉子應「泰華文藝作家協會」於正式獲得泰國政府批准成立的華人文藝團體成立大會之邀，專程飛往曼谷，在成立大會上分別做專題演講（一九九二年五月間）。

▲曾同蓉子參加愛荷華IOWA大學國際作家寫作計劃（IWP），宣讀作品與發表論文，並應邀往水牛城紐約州立大學讀詩與談詩（一九九二年）。

▲一九九三年八月六日到十一日海南省海南大學舉辦「羅門蓉子文學世界」學術研討會，請有來自美國、臺灣、港澳、星馬與大陸各地等學者作家五十餘人；提出研究羅門蓉子創作世界論文近三十篇，是一次具規模與有成果的海外個別作家學術研討會。

▲應邀擔任臺北市美館舉辦的「後現代美學與生活」講演系列的主講人講題：「後現代風暴襲擊都市人」（一九九四年）。

▲同蓉子應邀往大陸西安西北大學演講（一九九四年七月）。

▲出席由四川省作協、四川大學中文系、四川文藝出版社、四川企業文化促進會……

等在成都市合辦的「羅門詩精選百首賞析」出書發表會，羅門蓉子並在會上與在四川大學中文系發表講演（一九九四年七月間）。

▲應邀擔任青協舉辦首屆「當代臺灣都市文學研討會」論文發表人，論文題目：「都市與都市詩」，又會中另有師範大學比較文學博士詩人林綠撰寫，評論羅門都市詩創作的論文。（一九九五年十二月間）。

▲應邀擔任文訊雜誌社主辦的「臺灣現代詩史研討會」論文發表會主持人（一九九五年五月間）。

▲應邀擔任青協主辦的「現代詩創作營」主講人（一九九五年二月間）。

▲一九九五年五月間文史哲出版社耗資百萬出版羅門蓉子文學創作系列書十二冊，紀念兩人結婚四十週年；同時並由青協舉辦（文建會、文復會贊助）兩人系列書出版發表會，有海內外知名學者與詩人近數十人與會。

▲一九九五年北京中國社會科學出版社首次破例出版羅門蓉子文學系列書八冊，並在十二月間由北京大學文學研究所、清華大學中文系、海南大學、中國藝術研究院文化研究所、中國社會科學出版社《詩探索》編輯部與海南日報等、共同協辦在北京大學首次召開的個別作家羅門蓉子系列書出版發表討論會，會後羅門與蓉子接著在該校公開演講與接受專訪。

▲應邀擔任青協主辦「一九九六當代臺灣情色文學研討會」論文發表講評人（一九九九

六年一月間）。

▲應邀擔任青協主辦「文學與漫畫交流研討會」論文發表主持人（一九九六年十一月間）。

▲應邀擔任「林燿德與新世代作家文學研討會」論文發表人（一九九七年一月間）。

▲詩人陳大為研究羅門都市詩，由陳鵬翔教授指導，獲得東吳大學碩士學位（一九九七年）。

▲廈門大學研究生張艾弓，由俞兆平教授指導，寫研究羅門創作世界的「羅門論」，於一九九八年八月間，獲廈門大學碩士學位。

▲羅門與蓉子應邀赴馬來西亞做詩的專題演講（一九九七年八月間）。

▲羅門於一九九七年四月到十一月間應華盛頓時報基金會與國際文化基金會邀請出席在華盛頓DC召開的三次國際文學會議，全程接待，是一次最稱心、愉快有收穫的文學之旅。

第一次亞洲文學國際會議（一九九七年四月間）曾會晤一九九二年諾貝爾獎得主DEREK WALCOOT，並提交對大會的觀感文章。

第二次西方文學國際會議（一九九七年六月間）曾提交論文：「21世紀詩價值的重認」，以及會晤一九八七年普立茲詩獎得主RLAT DOVE，她是羅門在愛荷華大學作家工作室曾認識的詩人。

第三次世界和平文學會議（一九九七年十一月間）曾提交論文〈21世紀詩人面對的關鍵性問題〉與詩作〈麥堅利堡〉；會晤一九八六年諾貝爾獎獲主 WOLE SOYINKA。

▲羅門蓉子兩套文學創作系列書共二十冊，分別由臺灣文史哲出版社與中國社會科學出版社出版，並分別在臺灣與北京大學兩地舉行出書發表討論會，至於海內外著名學者作家評論家寫的數十篇論文，已由文史哲出版社於一九九七年出版兩本論文集，一本是「從詩中走過來」，一本是「從詩想走過來」，使出版論羅門蓉子創作的書目已有十五種。

▲海內外學者、教授、評論家等評介羅門的文章，超出一百萬字。

【註】羅門曾應邀往臺大、師大、政治大學、中央大學、中山大學、淡江大學、輔仁大學、文化大學、臺北醫學院、清華大學、東海大學、中興大學、臺中醫學院、成功大學、大同工學院、海洋學院、中正理工學院、高雄醫學院、高雄師範學院、國立藝專、世界新專、臺北師專、臺北女師、實踐家專、苗栗聯合工專、明志工專、民權商專、新竹師專、屏東師專、新埔工專、市政專校、彰化教育學院……等國立卅餘所大學院校做詩的專題演講。

羅門著作

◎詩集

1.曙光（藍星詩社，一九五八年五月）

2.第九日的底流（藍星詩社，一九六三年五月）

3.死亡之塔（藍星詩社，一九六九年六月）

4.日月集（英文版，與蓉子合著／美亞出版社，一九六九年六月）

5.羅門自選集（黎明文化公司，一九七五年十二月）

6.曠野（時報文化出版公司，一九八一年）

7.羅門詩選（洪範書店，一九八四年）

8.隱形的椅子（抽頁裝訂本，一九七六年）

9.日月的行蹤（抽頁裝訂本，一九八四年）

10.整個世界停止呼吸在起跑線上（光復書局，一九八八年四月）

11.有一條永遠的路（尚書文化出版社，一九九〇年）

12.「太陽與月亮」（大陸花城出版社，一九九二年）

13.「羅門詩選」（大陸友誼出版社，一九九三年七月）

14.「誰能買下這條天地線」（文史哲出版社，一九九三年十二月）

◎論文集

1.現代人的悲劇精神與現代詩人（藍星詩社，一九六四年）

2.心靈訪問記（純文學出版社，一九六九年十一月）
3.長期受著審判的人（環宇出版社，一九七四年二月）
4.時空的回聲（德華出版社，一九八二年一月）
5.詩眼看世界（師大書苑出版社，一九八九年）
6.長期受著審判的人（增訂本，環宇出版社一九九九年再版）

◎散文

羅門散文精選（文史哲出版社，一九九三年十二月）

◎「羅門創作大系」十卷（文史哲出版社出版，一九九五年）

〈卷一〉戰爭詩
〈卷二〉都市詩
〈卷三〉自然詩
〈卷四〉自我·時空·死亡詩
〈卷五〉素描與抒情詩
〈卷六〉題外詩
〈卷七〉「麥堅利堡」詩特輯
〈卷八〉羅門論文集
〈卷九〉論視覺藝術

〈卷十〉燈屋・生活影像

◎「羅門・蓉子文學創作系列」八冊（中國社會科學出版社，一九九五年）

1.羅門短詩選
2.羅門長詩選
3.羅門論文集
4.羅門論
5.蓉子詩選
6.蓉子散文選
7.蓉子論
8.日月的雙軌—論羅門蓉子（周偉民・唐玲玲教授合著）

◎「羅門蓉子論」書目十五種

1.日月的雙軌—羅門蓉子合論（周偉民、唐玲玲教授合著，文史哲出版社出版，一九九一年）
2.羅門論（詩人評論家林燿德著，師大書苑出版，一九九一年）
3.門羅天下（蔡源煌、張漢良、鄭明娳教授等著，文史哲出版社出版，一九九一年）
4.羅門蓉子文學世界學術研討會論文集（文史哲出版社出版，一九九四年）
5.羅門詩一百首賞析（朱徽教授著，文史哲出版社出版，一九九四年）

6.羅門詩鑑賞（作家王彤主編，香港文化出版社出版，一九九五年）

7.永遠的青島—蓉子詩作評論集（評論家蕭蕭主編，文史哲出版社出版，一九九五年）

8.蓉子論（余光中、鍾玲、鄭明娳、張健、林綠等教授著，中國社會科學出版社出版，一九九五年）

9.羅門論（蔡源煌教授等編著，中國社會科學出版社出版，一九九五年）

10.（羅門都市詩研究）（陳大為碩士論著，東吳大學印製，一九九七年）

11.從詩中走過來—論羅門．蓉子（謝冕教授等著，文史哲出版社出版，一九九七年）

12.從詩想走過來—論羅門．蓉子（張肇祺教授等著，文史哲出版社出版，一九九七年）

13.《蓉子詩賞析》（古遠清教授著，文史哲出版社，一九九八年）

14.《青鳥的蹤跡》——蓉子詩歌精選賞析（朱徽教授著，爾雅出版社，一九九八年）

15.羅門論（張艾弓碩士論文，文史哲出版社，一九九八年）

◎獲獎部份

1.一九五八年獲藍星詩獎與中國詩聯會詩獎

2.一九六六年「麥堅利堡」詩被UPLI國際詩人組織譽為近代偉大之作，頒發菲總統金牌詩獎。

3.一九六九年在馬尼拉舉辦的第一屆世界詩人大會上，與蓉子獲大會「傑出文學伉儷」獎，頒發菲總統大綬勳章。

4. 一九七〇年獲美國奧克拉荷馬州州長頒發榮譽公民狀
5. 一九七二年獲巴西哲學院頒發榮譽學位。
6. 一九七六年在美國舉辦的第三屆世界詩人大會上，與蓉子獲特別獎，並接受大會加冕，以及美國之音記者之專訪
7. 一九七八年獲中華文化復興委員會「鼓吹中興」榮譽獎
8. 一九八七年詩人節獲教育部頒發「詩教獎」
9. 一九八八年「整個世界停止呼吸在起跑線上」，獲得中國時報文學獎（新詩推薦獎）
10. 一九九一年獲中山文藝獎
11. 一九九二年獲美國愛荷華大學IWP組織頒贈榮譽研究員證書

◎名列名人錄：

中文版名人錄

1. 一九九一年名列「中華民國現代名人錄（中國名人傳記中心出版）」
2. 一九九二年名列「大美百科全書（光復出版社出版）」
3. 一九九三年名列「世界華人文化名人傳略（香港中華文化出版社）」

英文版名人錄

1. 世界詩人辭典International Who's Who in Poetry（倫敦劍橋國際傳記中心選編，一九七〇年）

2.中國名人錄（英文版新聞局委託漢光出版社出版的一九八六、一九八七、一九八八年中華民國年鑑）

3.「亞洲名人錄」（Asia's Who of Men & Women of Achievement 1989-90），印度傳記中心出版）

4.世界名人傳記（Biographical Historiette of Men & Women of Achievement & Distinction 1990），印度傳記中心出版

5.美國傳記學會（American Biographical Institute, Inc.）一九九五年出版的「20世紀五百位具有影響力的領導人The Twentieth century FIVE HUNDRED LEADERS OF INELUENCE」

◎作品選入中文選集

1.中國詩選（大業書店，一九五七年）
2.中國當代名作家選集（文光圖書公司，一九五九年）
3.十年詩選（明華書局，一九六〇年）
4.七十年代詩選（大業書店，一九六七年）
5.中國現代詩論選（大業書店，一九六九年）
6.中國新詩選（長歌出版社，一九七〇年）
7.中國現代文學大系（巨人出版社，一九七二年）

8.中國現代散文選集（文藝出版社，一九七三年）
9.八十年代詩選（濂美出版社，一九七六年）
10.廿世紀中國現代詩大展（大昇書庫，一九七六年）
11.中國現代文學年選（巨人出版社，一九七六年）
12.當代詩人情詩選（濂美出版社，一九七六年）
13.中國當代十大詩人選集（源成出版社，一九七六年）
14.文藝選粹（幼獅文化事業公司，一九七七年）
15.中國現代文學的回顧（龍田出版社，一九七八年）
16.當代情詩選（濂美出版社，一九七九年）
17.現代名詩品賞集（聯亞出版社，一九七九年）
18.小詩三百首（爾雅出版社，一九七九年）
19.當代中國文學大系（天視出版公司，一九八〇年）
20.中國當代新詩大展（德華出版社，一九八一年）
21.情詩一百首選集（爾雅出版社，一九八二年）
22.現代詩入門選集（爾雅出版社，一九八二年）
23.中國新詩選（長安出版社，一九八二年）
24.中國當代散文大展（德華出版社，一九八二年）

25. 中國現代文學選集（爾雅出版社，一九八二年）
26. 七十一年詩選（爾雅出版社，一九八三年）
27. 七十二年詩選（爾雅出版社，一九八四年）
28. 一九八三臺灣詩選（前衛出版社，一九八四年）
29. 七十三年詩選（爾雅出版社，一九八五年）
30. 七十四年詩選（爾雅出版社，一九八六年）
31. 一九八五年臺灣詩選（前衛出版社，一九八六年）
32. 七十五年詩選（爾雅出版社，一九八七年）
33. 中國現代海洋詩選（號角出版社，一九八七年）
34. 七十六年詩選（爾雅出版社，一九八八年）
35. 七十七年詩選（爾雅出版社，一九八九年）
36. 七十八年詩選（爾雅出版社，一九九〇年）
37. 臺灣詩人十二家（重慶出版社，一九八三年）
38. 臺灣朦朧詩賞析（花城出版社，一九八九年）
39. 臺灣詩選（人民文學出版社，一九八二年）
40. 臺灣創世紀詩萃（浙江文藝出版社，一九八八年）
41. 臺灣現代詩四十家（人民文學出版社，一九八九年）

42. 當代臺灣詩萃（湖南文學出版社，一九八九年）
43. 臺灣新詩發展史（人民文學出版社，一九八九年）
44. 臺灣現代詩選（瀋陽春風出版社，一九八七年）
45. 中國新詩鑑賞大辭典（江蘇文藝出版社，一九八八年）
46. 臺灣百家詩選（江蘇文藝出版社，一九九〇年）
47. 臺灣現代詩賞析（河南人民出版社，一九九一年）
48. 七十九年詩選（爾雅出版社，一九九一年）
49. 淘金者的河流（百家出版社，一九八九年大陸）
50. 臺灣朦朧詩賞析（花城出版社，一九八九年）
51. 海南瓊人詩選（大陸三環出版社）
52. 太陽月亮，羅門蓉子詩精選（花城出版社，一九九二年大陸）
53. 八〇年詩選（爾雅出版社，一九九二年）
54. 八一年詩選（爾雅出版社，一九九三年）
55. 八三年詩選（爾雅出版社，一九九五年）
56. 八四年詩選（爾雅出版社，一九九六年）
57. 三年詩選（人民文學出版社，一九九四年）
58. 新詩三百首（九歌出版社，一九九五年）

59. 盈盈秋水（新華書店，北京發行，一九九三年八月）
60. 中國當代文學作品精選（北京大學出版社，一九九五年七月）
61. 一百個怪月亮（陝西人民出版社，一九八九年八月）
62. 星空無限藍（九歌出版社，一九八六年八月）
63. 中外現代抒情名詩鑒賞辭典（北京學苑出版社，一九八九年）
64. 古今中外朦朧詩鑒賞辭典（大陸中州古籍出版社，一九九〇年）
65. 中國新詩名篇鑒賞辭典（四川辭書出版社，一九九〇年）
66. 臺灣現代詩鑒賞辭典（山西北岳出版社，一九九一年）
67. 鄉愁詩選（河北人民出版社，一九九〇年）
68. 海峽兩岸朦朧詩品賞（武漢長江文藝出版社，一九九一年）
69. 海峽兩岸詩論新潮（廣州花城出版社，一九九二年）
70. 臺灣文學家辭典（廣西教育出版社，一九九一年）
71. 臺灣新文學理論批評史（瀋陽春風文藝社，一九九三年）
72. 中國當代新詩史（北京人民出版社，一九九三年）
73. 臺灣現代文學史（廣西人民出版社，一九九四年）
74. 臺港澳暨海外華文新詩大辭典（瀋陽出版社，一九九四年）
75. 臺灣詩歌藝術（大陸漓江出版社，一九九七年）

76.臺灣詩人散論（爾雅出版社，一九九六年）

77.臺灣詩論精華（陝西人民教育出版社，一九九五年）

78.彼岸的繆斯（百花洲文藝出版社，一九九一年）

79.臺灣現代詩選（香港文藝風出版社，一九九一年）

80.百年中國經典文學（北京大學文學出版社，一九九七年）

81.當代愛情詩友情詩三〇〇首（湖南文藝社，一九九七年）

82.中國當代名詩一〇〇首（湖北教育出版社，一九九六年）

83.小詩瑰寶（絲路出版社，一九九六年大陸）

84.國際華人詩人精品集（廣東旅遊出版社，一九九六年）

85.天下詩選（天下遠見出版社，一九九九年）

86.現代詩手冊（翰林出版社，一九九九年）

87.九十年代詩選（大陸春風文藝出版社，一九九八年）

88.二十世紀中國文學精品（大陸學林出版社，一九九九年）

◎作品選入外文選集

英文版

1.中國新詩選集New chinese Poetry（余光中教授編譯，一九六〇年）

2.中國現代詩選集Modern Chinese Poetry（葉維廉博士編譯，一九七〇年）

3.臺灣現代詩選集Modern Verse from Taiwan（榮之穎編譯，一九七一年）

4.當代中國文學選集An Anthology of Contemporary Chinese Poetry（國立編譯館編譯，一九七五年）

5.亞洲新聲Voices of Modern Asia（美國圖書公司出版，一九七一年）

6.世界詩選World anthology（美國Delora Memorial Fund基金會出版，一九八〇年）

7.當代中國詩人評論集Essays on Comtemporary Chinese Poetry（林明暉博士Dr. Julia C. Lin著，一九八五年）

8.臺灣現代詩選Modern Chinese Poetry from Taiwan（張錯博士編譯，一九八七年）

9.一九九〇世界詩選（World Poetry 1990）Editor: Dr.Krishna Srinivas India.

10.中國現代詩選（Anthology of Modern Chinese Poetry.，奚密博士編譯，一九九二年）

法文版

1.中國當代新詩選集La Ktesie Chinoise（胡品清教授編譯，一九六三年）

瑞典文詩選

1.臺灣九位詩人詩選集（NIO ROSTER FRAN TAIWAN馬悅然教授編著，一九九九年）

南斯拉夫版

1.南斯拉夫詩選（Anotologija Savemene Kineske）Filip Visnjic Beograd（1994年）

羅馬尼亞版

1. Antol Gie De Poezie Chineza Contemporana（1996年）

日文版

1. 華麗島詩選集（日本若樹書房編選，一九七一年）
2. 臺灣詩選（世界現代詩文庫土曜美術社出版，一九八六年）

韓文版

1. 廿世紀世界詩選（韓籍李昌培博士編譯，一九七二年）
2. 世界文學選集——中國詩部分（韓籍許世旭博士等編譯，一九七二年）
3. 中國現代文學史（韓籍尹永春博士編譯，一九七四年）
4. 中國現代代表詩人五人選（湖西文學特輯，韓國湖西文會編選，一九八七年）

藝文生活影像

作者同蓉子在詩中、在以拼湊藝術（COLLAGE ART）製作的生活造型空間—「燈屋」，渡過近半世紀

羅門攝於民國43年

羅門攝於民國42年

羅門攝於民國41年

羅門攝於民國65年

羅門攝於民國54年

民國38年隨空軍來臺降落岡山時留影，
繼續在岡山空軍飛行官校29期學習飛行

民國56年在美國奧克立荷馬（OKLAHOMA）FAA
民航中心航空失事調查學校受訓

56年擔任CAT B727
型機在林口重大失
事的調查工作

羅門著作
包括詩集
論文集
創作大系
藝術評論
中外文詩選
（論羅門專書）

1991 年獲中
山文藝獎。

1976 年同蓉子應邀以貴賓參加美第三屆世
界 詩人大會，同獲大會特別獎與接受加冕

「麥堅利堡」詩，被
國際桂冠詩人協會譽
為近代的偉大之作，
56年獲得該會榮譽獎
及菲國總統金牌獎

七十七年「整個世
界停止呼吸在起跑
線上」獲得時報文
學獎新詩推薦獎

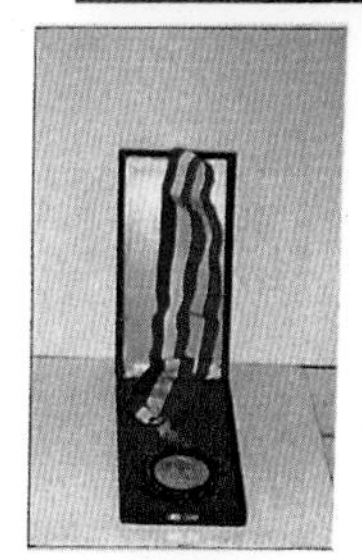

1969 年同蓉子獲菲舉行第一屆世
界詩人大會「傑出文學伉儷獎」，
頒發菲總統大授勳章

47 年獲藍星詩獎

羅門蓉子 12本系列書出版發表會，由詩人余光中教授主持（右起第三位）、香港大學黃德偉教授（右起第二位）與詩人向明（右起第一位）擔任引言人。

羅門蓉子文學創作座談會，在北京大學舉行，由北大文學研究所所長謝冕主持開幕禮（左起：北大中文系主任費振剛教授、海南大學前文學院院長周偉民教授、謝冕教授、名詩人鄭敏教授、蓉子、羅門。社會科學出版社社長王俊義教授。）

會場開會情形（對面拍攝）

與會者：左起海南大學文學院院長閻廣林、評論家古繼堂先生、暨南大學潘亞墩教授、南開大學崔寶衡教授、日籍北大高級訪問學者藤井省三教授、清華大學王中忱教授、詩人任洪淵教授。

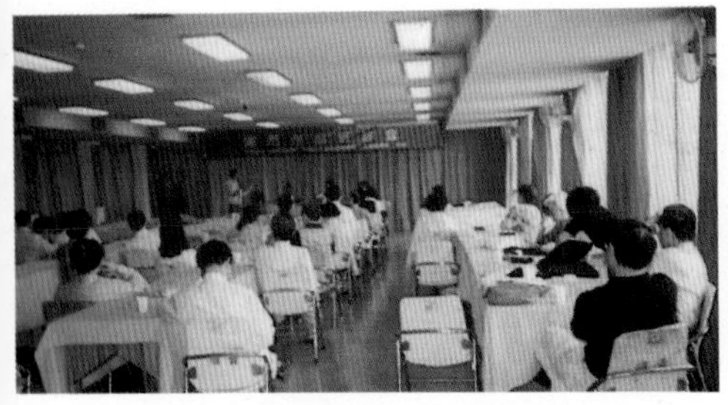

會場開會情形（背面拍攝）

羅門蓉子會後在北京大學演講

1995 年出版羅門・蓉子創作系列書十二種及羅門・蓉子系列書 8 種。在臺灣與大陸北京大學分別舉辦研討會。

参加"罗门、蓉子的文学世界"学术研讨会学者专家留影
一九九三年八月六日于海南大学

會場開會情形

民國八十三年七月六日在成都同步出版「羅門100 首詩賞析」（朱徽教授著）的首發式，羅門蓉子應邀參加，由四川作家協會、四川文藝出版社、四川聯大中文系、四川企業文化促進會合辦，四川作協副主席孫靜軒主持，到老、中、青著名詩人以及學者教授等數十人，羅門蓉子並做專題講演。

民國五十五年（1966）年——同蓉子被UPLI譽為「中國傑出的文學伉儷」，由菲駐華大使劉德樂在大使館舉行頒發菲總統馬可仕金牌獎

民國六十五（一九七六年）六月間同蓉子出席在美召開的第三屆世界詩人大會，獲大會特別獎與接受大會加冕（接受美國之音記者專訪）

民國58年羅門，蓉子參加在菲召開的第一屆世界詩人大會，會晤菲前總統賈西亞

民國五十八年（1969）同蓉子被選派為中國五人代表團，出席在馬尼拉召開的第一屆詩人大會，並被大會譽為「世界詩人大會傑出文學伉儷」，獲菲總統大綬勳章

民國六十五年參加由美國舉辦的世界詩人大會，與大會榮譽主席美國著名詩人艾伯哈特（RIEHART EBERHART）在會場合影，由左至右為蓉子、艾伯哈特、柯肯教授及羅門。

蓉子於民國七十七年四月十四日星期四下午四時（就33年前結婚的時刻）接受國家文藝獎——由前副總統謝東閔特頒

羅門民國八十年十一月十一日接受中山文藝獎由前副總統謝東閔特頒

「21 世紀亞洲國際文學會議」大會
主講人一九九二年諾貝爾獎得主
DEREK WALCOOT（1997 年 4 月）

「21 世紀世界和平文學會議」
大會主講人 1986 年諾貝爾獎獲主
WOLE SOYINKA（1997 年 11 月）

「21 世紀西方國際文學會議」大會
主講人一九八七年美國普立茲獎得
主 RITA DOVE（1997 年 6 月）

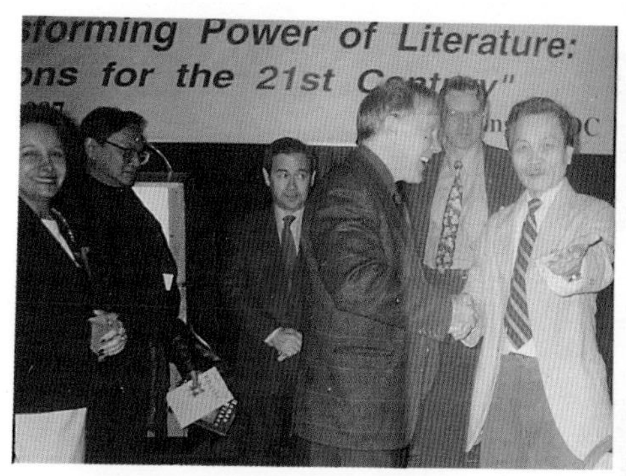

「21 世紀世界和平文學會議」大會
主講人（1997 年 11 月）美國桂冠
獎詩人 ROBERT HASS（右第三人）

1997 年曾先後參加華盛頓時報基金會與國際文化基金會在華盛頓舉行的「21 世紀亞洲國際文學會議」、「21 世紀西方國際文學會議」、「21 世紀世界和平文學會議」等三個國際文學會議（1997 年 4 月、6 月、11 月）

IOWA大學召開世界作家交流會，羅門、蓉子在IWP 25週年紀念宴會上同主任克拉克布雷斯（右二）與日本名小說家SOH AONO（右一）合影（八十一年十月十四日）

在IOWA世界作家交流會，羅門蓉子合送著作 27 種給愛荷華大學圖書館，由該館正副館長DR. SHELLA CRETH, DR. ED SHREEVES（右2、1）及該館中文部主任周欣平博士接受贈書（八十一年十一月三十日）

羅門蓉子應水牛城州立紐約大學邀請由IOWA飛往該大學講詩與朗誦作品（八十一年十一月廿日）

民國八十年十月間，配合國際大師米羅作品在臺北市立美術館展出，羅門特邀在該館做專題演講

羅門林燿德民國七十八年十月應邀赴大陸海南廣州、上海、北京、廈門等地的著名大學、文聯、作協、社會科學院等舉行近三十場包括演講與座談會（在北京大學演講）

民國七十八年六月蓉子擔任亞洲華文女作家文藝交流會暨婦女寫作協會會員大會主席

民國七十八年四月十五日蓉子應邀參加光復書局與耕莘青年寫作會合辦的「文藝季系列講座」邁向二十一世紀的靈動，第一場演講

羅門蓉子應邀在西安西北大學講演
（八十三年七月一日）

寶象文化公司製作公共電視「詩人專輯」，羅門陪同該機構TV拍攝小組於民國79年八月間專程飛往馬尼拉拍攝「麥堅利堡」詩創作的背景畫面，並在場朗誦該詩

鄭愁予、夏菁、羅家倫、鍾鼎文、覃子豪、美莊萊德大使、胡適、紀弦、大使夫人、羅門、余光中夫婦、葉珊（楊牧）蓉子、周夢蝶、洛夫（攝於美大使招待酒會）

羅門、蓉子、冰心前輩作家、名散文家陳祖芬

前排：蓉子、淡瑩 梁實秋 敻虹、後排：王潤華、羅門

羅門民國七十七年十月應邀往巡迴大陸演講與座談，曾在上海看到施蟄存教授。

羅門民國七十八年十月應邀赴大陸海南廣州、上海、北京、厦門等地的著名大學、文聯、作協、社會科學院等舉行近三十場包括演講與座談會。於十一月下午七時在北京東方大飯店舉行盛大宴會，席中到有大陸著名作家艾青、卞之琳、謝冕、袁可嘉、高瑛、古繼堂、晏明、劉湛秋、雷霆等（這次大陸文學之旅，同去的有傑出詩人林燿德）

右起前排蓉子、羅門、姚宜瑛 後排作家趙毅恒、詩人北島

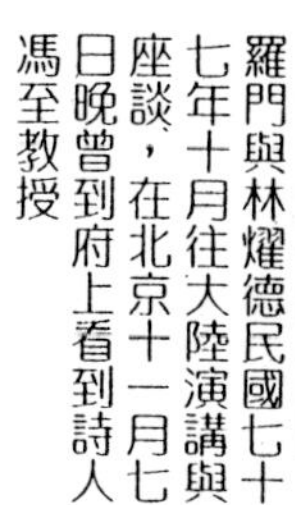

羅門與林燿德民國七十七年十月往大陸演講與座談，在北京十一月七日晚曾到府上看到詩人馮至教授

在北京市美館陳正雄畫展開幕禮上講話，與會貴賓有王蒙與現副文化部長劉德有及美術界知名人士（八十三年六月廿四日）

民國七十三年應港大黃德偉博士邀請赴港大進行三場現代詩演講：余光中夫婦與黃博士在香港啓德機場送行

右起謝冕教授、李澤厚教授、羅門

陶瓷家馬浩、畫家莊喆、羅門、畫家林壽宇、陳正雄、藝評家劉文譚　雕塑家何恆雄

左起名散文家陳祖芬、劉夢溪、羅門

人羅青、羅馬、張默、洛夫、林明德教授、王潤華授、詩人管管、淡瑩、羅門、蓉子、沈慊教授、陳華教授、詩人瘂弦、林豐楙教授、張漢良教授、詩方莘

座詩人林綠、淡瑩、張錯、蓉子、黃德偉、羅門、淩、○、王潤華、葉曼沙、李狀源、○、○

右起詩人杜十三、作家高行健、羅門、陳思和教授、女作家口、作家趙毅恒、女作家口、作家虹影、法國翻譯家口、詩人張國治

顏元叔、楊牧教授、羅門

羅門、王文興教授

蓉子、羅門、海南大學
唐玲玲教授

○、羅門、蔡源煌教授

余光中教授、羅門、導演
胡金銓、楊牧、洪麗芬

出版家彭正雄、羅門、
龔鵬程教授

羅門、葉維廉、黃德偉教授

施友忠教授、陳慧樺教授
楊牧教授、羅門

楊萬運教授、戴維揚
教授、羅門

張錯教授、小說家司馬中原、
鄭明娳教授、羅門、張錯夫人

羅門、詩評家林亨泰

蓉子、羅門、鄭樹森教授

王潤華教授、詩人淡
瑩、蓉子、羅門

詩人簡政珍教授、羅門、
林燿德

羅門、詩人評論家蕭蕭

羅門、蓉子、黃德偉、白萩

羅門、李瑞騰教授

詩人向陽夫婦、羅門、蓉子

羅門、評論家王秀雄、畫家陳正雄、評論家王哲雄

畫家陳正雄、羅門、畫家賴純純、林壽宇、張永村

羅門、畫家莊普、陳延平、胡坤榮、莊喆

羅門、蓉子、陳正雄、雕塑家胡宏術教授

羅門、畫家丁雄權

左第二人羅青教授、羅門

雕塑家朱銘、羅門

名導演胡金銓、音樂家李泰祥、羅門

羅門、畫家蕭勤

張漢良教授
羅門

胡茵夢、畫家張杰、羅門

音樂家李泰祥、散文家張曉風

韓國現代詩會長、筆會副會長文德守、韓著名女詩人申東春、蓉子、羅門

羅門、COBRA眼鏡蛇畫派法國著名理論家兼詩人隆貝特（LAMBERT）夫婦、蓉子 ● 新聞局法籍翻譯家FORT HICK